ブレンダン・ラヴェット著作集

死の前の生

——希望を文化に根づかせること——

（希望のインカルチュレーション）

序　文

希望の言葉について基本的に要求されることの一つは、それが発せられる状況、つまりこの世界の絶望を生み出すあらゆる状況を、完全に把握していることだ。ロナルド・アロンソン〔米歴史家・無神論者〕の最近の著作『惨事の弁証法』の副題は「希望への序説」である。この小著の構造も類似の論理を展開する。われわれの状況の歴史的真実に向き合った後にはじめて、希望がそれ自身を創造的に実現することができる。

本書の題名を思いついたのは、ベルファストで印象的な落書きを見かけたからだ。そこには「死の前に生はあるか」とあった。この質問の辛辣《しんらつ》さは、あらゆる場所で長く苦しむ人々の中にこだましている。一方、本書の副題はキリスト者として書くという私自身の願望を表す。つまり自分の人生において、自分の人生を通して、希望を受肉させることを願う者として書くのである。

キリスト者であろうとすることは、人々に望みをおくこと、その人間性、人々が創造的にいのちに応えることができる力に希望をおくことである。しかし創造的に応えられる前に分かっていなくてはならない。人々は自分自身の物語を洞察力と正確さをもって語らなければならない。本書では、人々が自分自身の巻き込まれている歴史プロセスの評価ができるよう助けることにわずかでも貢献することを意図している。

本書はまた、一九八五年三月にフィリピンのオザミス・シティーで開催された「神学を考える週間（Theological Reflection Week）」（「宗教と文化研究センター」後援）での参加者の関心と洞察を十分に評価しようとするものである。その時のテーマは「インカルチュレーション―そのチャレンジ」で、主催者側が予想したよりもはるかに深いレベルの省察につながった。

これは参加者の意識レベルに負うものである。彼らの多くは前年までにオザミスで開催されたワークショップの恩恵を受けていた。ワークショップはエンリケ・デュッセル［一九三四－　アルゼンチン出身、メキシコの哲学者・作家］（一九八二）やトマス・

ベリー［司祭、エコロジー研究・神学者］（一九八四）といった人々が企画、指導していた。ベリーによるエコロジーの究極的枠組みのうちにデュッセルが示した批判的で解放的な歴史解釈のおかげで、人々はインカルチュレーションの問題を厳しい言葉で明確に論じるようになった。

神学週間の省察に対する、カルロス・アベサミス［一九三四―二〇〇八］とショーン・マックドナーの刺激的な意見も喜ばしいものだった。しかしながら本書に書き記したことに関して彼らに直接の責任のないことを早々に申し上げておきたい。神学週間が本書の生まれるきっかけとなったにすぎない。この主題につながると思われるあらゆる問題を統合し、神学週間で生まれたすべての洞察に適切な枠組みをもたらそうという個人的な試みである。

限られた範囲でこれほど広範な分野に対処しようとする著作は、どんな視点からの批判に対しても弱くなる。それでも物事の意味を解明しようとする私の試みをあえて出版するのは十分な理由がある。それは時代状況が要求するからだ。この点で私はＥ・Ｐ・トンプソン［一九二四―一九九三、英国の歴史家・平和運動家］［一九八二・

27」の心情に同調する。知的にとんでもないように見えるかもしれなくても、核による破壊、生態系破壊を淡々と受け入れてしまうよりは、はるかにましである。

目次

まえがき

インカルチュレーションの問題が発生するのは、特定の民族が自分たちの宗教こそ普遍的正当性があると主張し、その宗教を他の民族に伝達しようとする場合だけである。そうなると、普遍性を主張する宗教と受け入れ側の民族の文化との関係に必然的に問題が生じる。

歴史を見ればこの問題についておおむね三つの方法が考えられる。第一に当該宗教とそれを生み出した母体文化、つまり布教者、または伝道師の文化を一緒に他民族に提示するのである。この方法の痕跡は、パウロが対応に苦慮した、ユダヤ民族化しようとするキリスト者の動きへの新約聖書の記述に見ることができる。それは二十世紀中頃までの近現代のキリスト教布教の流儀であったとさえ言える。選んだというより、無批判に当然とされた「方法」と言えるだろう。その宗教的メッセージは伝道者たちが慣れ親しんでいる文化様式から切り離されたものではない。

第二の方法はもっと慎重な選択に関わるもので、聖パウロのアプローチに典型的に現れている。キリストの福音を他文化に移入するための綿密な戦略といったものはないが、キリストの教えをその母体であるユダヤ文化から区別しようとしている。受け入れ側文化に対する姿勢は一貫しない。宗教的表明には断固として不寛容であるのに、他のすべての面では無関心だったりする。

三番目の方法は「文化面に関わらないこと」で、並外れた自己文化の認識が前提となる。このようなことはめったにないので、この方法が広範囲な規模で実践されたことはまだない。その方法を十六世紀の二人のイエズス会士、インドで活躍したロベルト・デ・ノビリと中国で布教したマテオ・リッチの姿勢に見ると主張する者もいるが、その主張は時代錯誤的とする者もいる［アマラドス 一九八〇］。この方法は受け入れ側文化を研究し、可能な限り共感をもってその中に入り込むことから始まる。そして福音をその文化の外から示すのでなく、内側から述べ伝えようとするのである［ドノバン 一九七八、参照］。

現代のほとんどの人が認めるのは、第三の方法が唯一受け入れ可能で、「福音のインカルチュレーション」という表現は、この方法に一致した実践のためにあるべきということだろう。しかし福音を知らない人々にそれをもたらすという伝道状況のモデルは、誤解を招きかねないほど単純である。実際そのような状況は世界のほとんどの地域ではもう存在しない。あるのは文化的にこの上なく複雑な布教後の状態である。そうした場合、キリスト教と文化の関係は問題を含んだままで、解決策の一つも与えることができていない。黒人神学や解放の神学—両方ともアメリカ大陸（北・中南米）起源—が今や南アフリカの状況で独自に有用となっていることを指摘するなら、必要となる答えの複雑さといったものが明らかになるのかもしれない。とはいえ黒人神学と解放の神学の双方が第一の方法に分類される可能性がある。なぜならこれらの神学は福音の文化的受容に直接の関心があるわけではなく、福音の社会的政治的意味合いや現在福音を宣べ伝える、社会的政治的状況に関心があるからである。こうした神学的方式が文化的帝国主義の管理下に入らない理由はすぐに分かる。黒人神学の学者たちの主な主張では、伝統文化への関心は、南アフリカで人々を苦しめる政治的社会的不正とは関係ないとする。さらに（南アフリカの）

人種差別主義者である少数派による政権が、各民族グループの「まっとうな」諸文化を政権のイデオロギーの道具として強調するやりかたを問題とする。この状況で、黒人神学の神学者たちが福音の「インカルチュレーション」を語ることに懐疑的な理由はたやすく理解できる。

しかしだからといって、そのようなイデオロギー実践によって導かれるべきなのは、福音の本物のインカルチュレーションに関わる批判的理解であって、その用語を簡単に拒否または過剰に制限することではない。われわれが互いに依存する現代の世界で、諸民族の生活と文化を形づくっている複雑な歴史の諸勢力を意識することにつながるべきである。われわれには歴史的な文化しかないのだ。ある文化について非歴史的省察にふけることは常にイデオロギー的には退行している。

ある民族の文化を、その歴史的位置を確認しないで真剣に受け止めることは不可能である。民族の文化を省察することは、現在までその文化を強力に形成してきた歴史的諸勢力を考慮に入れないならば、無意味とまでは言えなくても取るに足りないものになる。

上記のような考察は本書で述べようとしているインカルチュレーションの理解を形成する。インカルチュレーションは福音宣教の方法として理解されている。神学の専門のいずれか一つのレベルではなく、あらゆるレベルが、多岐《たき》にわたる布教伝道の課題を極めつつ、活かされる必要がある［ロナガン 一九七二、参照］。このテーマに関する最近の著作からは、インカルチュレーションは典礼や儀式の特定の分野に限られ解決困難という印象を得やすいが、それと比較すれば以下に続く議論はかなり広範な領域を扱っていると感じられるだろう。読者にはこのテーマの要求するところから、領域の問題を判断していただきたい。最近の出版物から一つ挙げると、『インカルチュレーションと現代の挑戦』の著者アゼヴェド［Azevedo 一九八二］（エブシ・ブラガ Eboussi Boulaga 一九八三も参照）は、インカルチュレーションの領域に対して同様の姿勢を取っている。しかしわれわれが異なるのは、どちらかというと基本的に現代の諸勢力の個々の評価で、私の見解も確かに彼のそれより楽観的ではない。ここでは彼と私がどの点で意見が一致しているかを強調させてほしい。一致点はしっかりしたもので、「政治的経済的手段が西欧の近現代性をほとんどすべての国にもたらし、長い年月を経た諸文化に深く影響し、徹底的に変容させてきた」その方法に関連している。

議論を追って明確にしていくが、私はこの近現代性の歴史プロセスがあらゆる文化にとって破壊的と見る傾向にある。私の関心の大部分は、本当にこの状態が必然的であり続けるかどうか見定めることである。もちろんこの議論は文化という現象をどのように理解するかということによるので、これが第一章のテーマとなっている。しかし、もし文化の現実について私の評価が妥当であるなら、インカルチュレーションについての中心的問題は、歴史プロセスの批判的判断とそれに続く、そのプロセスの変換にならざるをえない。第二章以降で議論されるが、歴史プロセスは現在のあらゆる文化が生き残るかどうかという問題を左右するからである。

第一章　文化の中心性

Meishaa elukunya nalso engeno
一つの頭では、すべての知恵はもてない。

［マーサイ族のことわざ］

文化の定義の数は文化人類学者の想像力によってのみ限定されるというのは本当かもしれない。といっても文化人類学者たちを無視してしまうことはできない。それは人間文化の実証経験的研究こそ、われわれの人間性の理解を革命的に変革し、文化の古典的概念を決定的に葬ったということがあるからである。（以下参照。ロナガン一九六七、252‐267、一九七四、1‐9、一九七二、xi・124、301）。バーナード・ロナガンは古典主義から現代への文化移行について、強調点の五段階シフトで記述している（第四章、参照）。だがほとんどの人は、いまだにそのようなシフトの重要性を把握できていないし、古典的価値判断の枠組みで生き続けていることをもロナガンは断言する。そのため人々が文化人類学的に文化を理解することや自分の文化以外の文化を認識し重要性を認めることは不可能なのだ。

文化人類学者から手がかりを得ていく際、クリフォード・ギアツ［一九七五・89］［米文化人類学者、一九二六－二〇〇六］の定義は出発点としてふさわしい。それは、文化とは象徴で具現化する意味を歴史的に伝達する様式で、生き方の知識・姿勢を人間が伝え、残し、展開する手段によって象徴的形式に表現される観念を継承する体系である、とする。しかし、多くの人々は、この第一章のタイトルが主張する「文化の中心性」に賛同しなければいけないと思うことなく、この文化の定義を受け入れる。その理由は、人間の知ることについて蔓延《まんえん》する誤解にある。それは、ちょっと見ることで現実のこと、すでにそこにある現実を知るというものである。自分の目の玉の端で始まるものとしての現実というこの通説は、現実とは真の判断において到達するという事実を無視している。この誤解から人々は文化と現実に対立するようになり、対立することで人々に文化は二次的なもの、文化は人々の意図や好みに関係するが、「厳しい」現実とは関係ないと思わせてしまう。

認識論的問題

残念なことに、この素朴な偏見を人々の考えから切り離す簡単な方法はない。しかしそうする必要は急を要し、大きなものである。以下に詳述するが、多方面の事象が示しているのは、地球の再生可能なライフシステムすべてをわれわれが徐々に終了させているということだ。過去二百年、また特にこの現代、人間は天然資源を荒らすようなテクノロジーを使って、かつてない規模で地球の化学的構造、地質、生態を変えてしまっている。われわれはこの惑星の空気や水、土壌、陽光、生きるものの形を破壊している。そのダメージの多く、特に生物の種の破壊を見ると過去の時間は取り戻すことができない。この変化の規模の大きさは歴史的時間ではなく、地質学的、生物学的時間でのみ測定できる。このデータを文化の中心性を理解しようとする文脈に持ち込むのは、私の記述が蔓延する文化的病理学というべきものを表そうとするものだからである。われわれの現在の病の兆候が文化の媒介する現実の結果であると理解しないなら、生き方をさらにもっと充実できるかもしれない他の媒介を見えなくしてしまう。

そこで、知ることについての素朴な偏見を切除する簡単な方法がないとしても、人々の創造性の力をフルに使って現代の危機に関わるなら、認識論的問題と呼ばれるものに立ち向かわなければならない。ピエール・プラデルヴァンは、われわれは皆、ティエラ・デル・フエゴ先住民（南アメリカ大陸最南端、ほぼ滅亡）のようだと言う。彼の言及は、デル・フエゴ先住民がスペインの征服者たちのガレオン船と最初に出会った時の歴史的状況の説明である。先住民たちのそれまでの経験からは、目の前に存在するものが人間の創作物と認めることはできなかっただろうし、スペイン人たちが小さな手漕ぎボートに乗りこむまでは彼らを人間と認識できなかっただろう。「……（A）ニューヨーク・ウォール街の銀行家がカラハリ砂漠のど真ん中にいきなり投げ出されたら、サン人などに見えるものの十分の一（多めに見るとして）も認識できないだろう。そして24から48時間のうちに死んでしまうだろう。……いのちとは、われわれの認識することや、われわれの感覚的、社会的、知的印象から構成される永続的プロセスである。こうした認識や印象は教育、模倣、提案という三つの基本的なメカニズムを通して構成される。これらによってわれわれは『現実』について自分の概念を形づくる……」〔一九八二・118〕。困難が起こるのはわれわれの非常に限られた認識が、その場にあるものを認識するのに（そして是が非でも認識する必要があるのに）不十分な時である。破壊的な原子力の発展について、アルバート・アインシュタインはわれわれのものの考え方以外はすべてが変わったと述べた。われわれにとっての「カラハリ砂漠」、つまりまったく異なる環境は、そこで生存するためのまったく新しい概念と認識を要求する。われわれがこの変化する環境で「ウォール街銀行家」の認識のままなら、地球を完全に終了させてしまうのは確実だろう。

文化と現代性

われわれの新しい環境を出現させたのは、特定の文化価値の推進である。この文化を修飾するために「科学的」という言葉を無批判に使ったので、歴史プロセス全体にとって中心的である、人間の価値と文化的先入観の組み合わせが分かりにくくなった。これによって代わりうるものを独創的に展開させることからも人々は妨げられてしまった。必要な洞察はグンナー・ミュルダール［スウェーデンの経済学者、一八九八―一九八七］が事実について語る中に見られる。

事実に目を向けるだけでは、事実それ自体が概念や理論にまとまるわけではない。確かに概念や理論の枠組みのうち以外には事実は存在せず、混沌があるだけだ。すべての科学的研究には必然的に先験的［アプリオリ］な要素がある。答えが与えられる前に問いを発しなければならない。問いはすべて世界に対するわれわれの関心の表現である。問いは根本的に評価なのである［一九七〇・9　ハーバーマス一九七四、クーン一九七〇も参照のこと］。

文化それぞれがユニークであるのは、人間が自分たちにとって重要で意義のあることについて、それぞれ異なった評価や異なった独創的選択をするためである。その結果として人間は自己実現を果たすと同時に、豊かにあるさまざまな方法でこの世界と関わるのである。このような見方をすると、文化は世界構成の問題であり、それは人間が創造的に世界を形成しながら自分自身の状態に気づく方法である。そこからは、人間の自由が文化プロセスの中心に関連していると、すぐに分かる。もし人々がこの世界に名前を付ける権利を手放してしまい、自分たちにとって現実が何かということを他の者に定義させるとしたら、人々は自分の運命の主人であることをやめてしまうことになる。自分自身の人生の意味を自分で定める者ではなくなる。真の教育は常に自由への文化的行為である〔(パウロ・)フレイレ 一九七二（ブラジルの教育者、一九二一―一九九七)〕。本当の教育と言える唯一のプロセスでは、人々にある一つの特別な考え方―特に教育者自身の考え方――を持たせようとする目標を避ける。人々に異なる選択のもつあらゆる意味合いが分かるよう試み、人々が自分で自身の考えを決めるように促すのである〔プラデルヴァン 一九八二〕。以上の文章をいっときでも思いめぐらすだけで、どれほど非イデオロギー的な教育プロセスの要求水準が高いかが分かるであろう。

文化と啓蒙主義の偏見

前述のギアツの定義に立ち戻ると、文化は「継承した意味の（シンボルの）システム」であると強調されている。一つの世界を与える意味のシステムというものの中にわれわれは生まれてくるのである。自由と文化の本物性とのつながりを上述のように強調することと、文化は継承した意味のシステムであるという事実の間に、独自の先入観ゆえ矛盾を感じる人もいる。そのような人は、継承という事実が表すのは、個人的な創造性、つまり自由に反するに違いないと考える。しかしここには啓蒙主義の先入観を連想させる大きな見落とし、おそらくその先入観から来ると思われる大きな見落としがある。それは過去の世代の知恵である伝統の意味の、あらゆる「事前の判断」に対する先入観である。これは、継承した意味がわれわれの創造性を実践する可能性の条件であることを理解できていない。人々がこれまで生きてきた人たちの生き方に蓄積された知恵と経験のもとによって立とうとするほど、人々は自分自身の理解をさらに深く理解し、創造的に生きることができるのである。

エズラ・パウンドが言葉について述べたことは、文化全体について適切に当てはめることができる。われわれが言葉の形を「電気を通した円錐で、伝統の力、何世紀にもわたる人種意識、合意と交際の力によってチャージされている」［ケナー一九七一・238―239］ものとして楽しむことだとパウンドは示唆している。

文化と限界

どの文化にも必然的に限界がある。つまりそれは人間のある可能性を、他の可能性を犠牲にして実現化することである。この限界という点だけに集中すると、明白なものを故意に見えなくする。受け入れた文化だけが批判的思考の出現を可能にする。ある言語共同体の社会に適合することが、創造的思考の可能性の条件となる。

そして歴史的プロジェクトとして人間のいずれの文化も、進歩と衰退の弁証法の下にあるのは明らかである。どんな段階にあっても文化の質は、たまたまその文化的伝統のうちに実際に生きる人たちの各段階での注意深さ、知性、合理性ならびに責任の存在、または欠如の結果である。ただ過去の洞察を独創的に割り当てることで現在のわれわれの生き方が促進される。批判的に基礎づけられていないが、過去に対する否定的態度は、進歩神話にこびており、文化の中心性の理解を効果的に妨げる。進歩神話の解体を筆者は後記するつもりだが、その際、何が起きていたか、もっと明らかにできるかもしれない。ここで強調する論点は、文化的根源を奪われた人々はいのちに創造的に貢献することができないということである。

出現する宇宙物語の中の諸文化

上述の言明の完全な意味が把握できる唯一の文脈は、考えられうる一番広範な文脈、つまり宇宙の物語の文脈であると私は確信している。膨大な時と［種の］分化のこの四十五億年の物語は、われわれが自分の物語として尊重するようにならなければならない。この宇宙が意識を得る時点にわれわれはいる。宇宙はわれわれのものではなく、われわれが宇宙に属しているのだ。宇宙出現物語の基本的法則は次である。

(i) ［種の］分化が増大する。

(ii) 複雑性（内面性・主観性）が増大する。

(iii)　交流が増大する。

この法則は人間の最近（四―六百万年か）の出現状況に顕著に当てはまる。種の分化は、意識のレベルにおいて種の内部での分化になる。最近出現したわれわれ人間の状態を強調することで、人間の出現に適した世界が構成されるのにどれだけ長い時間がかかったかに注意を向けたい。地球で最初にいのちが出現したのは三十五億年前である。その時点から六億年前の脊椎動物出現までに膨大な隔たりがある。そして木々や花々も出現、花々はたんぱく質の出現に決定的であり、哺乳動物の出現は六千五百万年前になる。生物のかたちが複雑になるほど、その複雑化プロセスが加速するのはすぐ分かることだ［ベリー　一九八〇］。

人間の方の宇宙物語になると、トム・ベリーは部族シャーマン時代が人間の最も創造的時期であると主張する。この時代には、神秘である宇宙との媒介になる主要シンボルやアーケタイプ［人間の集合的無意識を作る基本的型］が、言語という特別な創造的産物として、それを通して作られる。文化と呼ばれるものは、人々がさまざまのすばらしい方法でこの世界との仲立ちとなるということにおいて自分自身を作り上げる手段である。歴史的に見るとわれわれの人間性の豊饒《ほうじょう》さ全体は、多様なグループにおけるこうした創造物の中にまさに存在する。人間の創造性は正真正銘の人間の文化から生じ、それによって条件づけられる。

諸文化が異なることは明白である一方、どのように理にかなった諸文化の比較ができるかということは――よくある偏見とは逆に――決して明白ではない。単純と複雑、原始的と進歩的、未開と文明などは延々と疑問を招く、蔑視《べっし》的にも見えるカテゴリーで、論じるべき諸文化についてよりも、そのカテゴリーの使用者について多くを物語る［エヴァンス＝プリチャード 一九六五、ヒルマン 一九七五・57－66］。かつてある種の文化進化論を信じることが流行だった。その文化進化論は、比較の価値基準として唱えられたものに全面的に左右されると人々が気づくまで存在した。

例えば人類の長期生存可能性への貢献度で社会を評価するなら、いわゆる「原始的」社会は、いわゆる「文明化」社会より優れていると言わなければならない。「文明化」社会の進行はさまざまな科学的方法で人類を滅亡させることを恐れるまでになっている。それは核・化学・生物兵器による戦争だったり、人間の生命を保持できない環境を招いたり、ヒトという種の遺伝プロセスをいじくったりするのである［ヒルマン 一九七五・61］。

現在生きている諸民族はすべて同時代人で、種の起源からは同様に遠く隔たっているから、全員が何千年もの変容を経験している。われわれの文化と異なる諸文化について当然のように言えるのは、われわれの文化が選び取ったものとは異なるやり方に特化しているということだけだ。人々が多くの種類の知識を発展させると、多くの無知も発展させ、あらゆる文化がこの法則の影響を受けることになる。さまざまな思考方法にある実質の進歩を反啓蒙主義的に拒否するべきではない。大事なのはそれぞれの新しい発展の中で失われたものを明らかにしておくようにするだけだ。

二十世紀は神話再発見を目の当たりにした［カッシーラー 一九五三（一九二四）、一九六二・72－108］。神話的な意識パターンに支配された生活をする人々を（あたかも時代遅れの劣等の生活様式であるかのように）低く見るというのが、近代西欧化した文化様式に影響された人々のかなり長い間の習慣だった。欧米の人々が、詩の優位性を宣言したヴィーコ〔イタリアの哲学者、一六六八－一七四四〕の洞察を利用し始めるのに三百年かかったのだ。その洞察は、人間精神それ自体がシンボルで表現されること、それは人間精神がそのシンボルの実際の意味を知ることがあるとしても、それを知る以前にシンボルで表現されているということである。〔ロナガン一九六七・263〕。人々が実際の意味に固執すると人間の本質が分かりにくくなり、人間の自発性を圧迫し、自由を制限する。クロード・レヴィ＝ストロースが著作『今日のトーテミズム』『野生の思考』執筆での彼の関心とは、あらゆる人々が自分たちの周りの世界を理解し、知的手段によってその目標に達したいという願いに突き動かされているのを示すことだった。それは「まさに一人の哲学者、または一人の科学者がある程度可能である」ことだった〔一九七八・16〕。違うのは考え方で、できるだけ近道で宇宙の全体的理解に達しようとしている。この考え方が示唆するのは、もしすべてを理解しなかったら、何も説明できないということだ。現代科学はこのような全体主義的熱意を放棄し、非常に限られた現象に集中して徐々に進むことで発展してきた。だが人はそれまでの思考方法を本当に捨て去ることはできない。

理解が限られてしまう世界でよしとするのは、ばかげたプロジェクトである。すべての人は物語に基づいて生きている。現在の世界で人間が直面する一番重要な問題は何かと問われて、アインシュタインは答えた。「宇宙がフレンドリーかどうかだ」。この問題について、知られているか、隠されているか、どちらにせよ、自分が物語にどう対応するかということから、人々はみな自分の生き方、いのちを形づくっている。

多様性における豊かさ

人間家族を出現させ、支え続ける、互いに関連するすべての生物種と同様に、人間家族にとってはさまざまな違いがあることで豊かな実りがある。多くの人が今、注目しているのは、諸文化を平等に扱うことである［一番最近はシュタープンハーゲン一九八五、参照］。レヴィ＝ストロースは彼の言う「オーバーコミュニケーション」を問題としてまさに指摘する。この意味は、世界のある一点の場所で世界の他の場所すべてで起きていることを正確に知ろうとする傾向を指す。「文化が本当にそれ自身であるために、そして何かを生み出すために、文化とその構成員は彼らの独創性を確信しなければならない。そしてさらにある範囲では他文化より優越していることも確信しなければならない」［一九七八・20］。オーバーコミュニケーションは、独創性をまったく失うという代償を払って、世界のどこからでもあらゆるものを取り寄せて消費するようにさせてしまう。

結論

生きている有機体としての世界――われわれが意識そのものであるところの世界――を構成する種に必要な多様性と、すべての人間と生物を豊かにして、その根本的な生存に必要となる文化の多様性と私が信じるものとが類似することを私は述べているが、それ以上のことに向けて本章を通してたどってきた。

フィリピンや他地域で、コメとトウモロコシの交雑［ハイブリッド］株に関して最近経験されたことは、原種の植物種の「遺伝子プール」を失うのではないかという多くの農業専門家の心配につながった。自然が何百万年もかけて行ってきた植物生存の実験が失われつつある。遺伝子の侵食と多様性破壊に関連するのは、世界の食物安全保障の問題である。多国籍企業が「食物連鎖の最初のリンク」を独占的に支配しようとする絶えざる動きは、現在の特許関連法によって促進されている。こうした多国籍企業は化学肥料や除草剤などの農薬市場をすでに支配している。そうした企業の肥料・農薬製品を必要とするタネだけを農家向けに発売しようとする圧力がかなりの程度存在する。さまざまな作物の単式農法、単一栽培への傾向は、危険なほど脆弱《ぜいじゃく》な同質性を引き起こすことになる。伝染病にやられてしまったら、もっと抵抗力をもった株からの遺伝子が取り入れられることにしか望みがなくなる。そうした遺伝子も手に入らなくなることもありうる［マイヤーズ 一九八五・152－159、ムーニー 一九八三］。

しかし、それを補う洞察が求められている。

同じことが人類にも起きるかもしれないことにさえ人々は気づいていない。生き残ることに関しての何百万年もの社会的実験と知識は、北の文明のもたらしたハイブリッド株に大地を明け渡しているのだ［フーグルサング 一九八四・61］。

これこそが、文化の多様性について重要な論点だと私は考える。バイオサイド［生物を殺すこと］が、人間も他の生物種もすべて含む生命共同体を無視した人間の種の死に容赦なく達せざるをえないように、諸文化の抑圧は人間のドラマに終幕のカーテンを降ろさせることになるにちがいない。

第二章　現代性へのアプローチ

「現代人とは、神は死んだというニーチェの託宣後に生まれたが、それは『抱きしめたい』［ビートルズの“I Wanna Hold Your Hand”］の記録的ヒットよりは前のことだ」。

［ウッディ・アレン　一九八〇・85］

他はともかくウッディ・アレンの定義は、「現代的」や「現代化」「現代性」のような言葉の使い方にまつわりがちな恣意《しい》性から抜け出せなくなることについてわれわれに注意を喚起する一助となるようだ。もちろん恣意的ではない定義もあるが、想像できるようにその主張は対立している。相反する定義を取り上げて私の議論としようと思うが、そのさまざまな観点を公平に扱っていきたい。

初めに、思想史（history of ideas）のアプローチによって接近することができる。

これによって、ヨーロッパ啓蒙主義、科学的世界観の出現ならびにデカルト的主観転換に由来する歴史批判によって増大した歴史意識の支配のうちに、現代性の挑戦の根拠があると見ることができる。

次なるアプローチは知識社会学から発展した。この分野での古典と認められる著作［バーガー／ラックマン 一九六七］の共著者ピーター・バーガーは、最初は宗教社会学［一九七一、一九七三］に進み、次に現代化プロセスが人間意識をどう構成するか明らかにするための自分の学問領域の妥当性を捉えようとした［一九七四、一九七七aa・11－15、一九七七b・5－80］。このアプローチの少なからぬ成果の一つは、現代化によって存在意義を踏みつけられた人々の経験する深刻な苦難に光を当て、存在意義の変遷の研究をする必要性を浮かび上がらせたことだ。バーガーは、開発についての討論でイヴァン・イリイチが「分かったぞ、経験」を紹介したことの功績を認めている［一九七七a・9］。

歴史上否定された者たちの痛みに接した人々は、当然ながら思想史アプローチに時間を割こうとしない。現代の人種差別、性差別、その他慣行化した抑圧の犠牲者たちはこのアプローチが特別洞察に満ちているとは考えない。そういう人々にとって現代性の挑戦、いやむしろその危機はまず、主観の転換と歴史意識の勃興という認識の危機として説明されるべきものではない。飢餓、貧困、抑圧、差別そして核破壊の脅威こそ彼らにとって現代性の重要な影響で、それこそ他の何にも勝って説明されるべき影響である。知識社会学アプローチはそのような犠牲者を助けてその痛みの根源の幾つかを告発するが、彼らはそのようなアプローチにも不満である。基本的に社会学は現実に存在することの分析に限られている。現在の事態をもたらした歴史的理由や要因の評価はその課題にはない。

バーガー［一九七七・70］は現代化の核心を、過去数世紀の科学技術革新がもたらした世界変容として定義する。アゼヴェドは政治経済学と文化人類学から学際的記述を導き出す。彼は、科学技術にダイナミックに移し替えられる知識が増大する結果としての世界変容プロセスが現代化であると捉える［一九八二・四］。現代化という用語をアゼヴェドが望む中立性をもって使用することは難しい。政治的な現代化論は西洋の開発理論に強く関わり、十九世紀の進歩史観的意味合いを持っていることを彼は知っている。それに現代化論も開発理論もマルクス主義の帝国主義理論、さらに最近の従属理論で反撃されている［フランク一九六四、一九六七、一九七八、一九七九］。アゼヴェドは現代化論への経済学的アプローチを避け、文化人類学に主要な力点を置く学際的視点を支持する。現代性を文化的現実と捉えている。文化的現実とは、社会的現実を理解・表現・定義し、ゆえに形成もする方法の根拠である意味・シンボル・傾向・洞察・価値が一組になっているものである。

私は現代性を文化的現実の一つと見なす必要性に基本的に同意するが、それが経済的アプローチの掲げる批判的問題を見過ごすことになるとは考えない。私の見るところ、バーナード・ロナガンの著作［一九五七、一九七二］が用意した種類の方法だけが、実証的に根拠のある現象学的研究と、他の学派の評価・批判の関心の両方を公平に扱うことができると言える。いずれにせよ、ロナガンの方法を以下に追っていこうと思う。

ごく最近まで、現代化プロセスの人間の犠牲のある部分に関して、道徳的懸念の主要な意見（その意見は自らそう表現することを拒否した時にも）はマルクス主義者の流れをくむものだった。私の関心の大きな部分は、人々が闘う悪そのものを存続するままにしてきた過ちに注目を集めることで、マルクス主義者の流れをくむその意見に対して建設的に挑戦することである。「時代遅れの、単線的な社会進化という概念」が政治経済的枠組みの中で理解される「現代化」に常に帰属させられてきたというアゼヴェドの主張は正しいが、それはこの枠組みから生じる本当の挑戦を回避する理由としては十分なものではない。
限られたものではあるが、この批判的社会経済的流れの中にある最近の著作の幾つかについて、本章の残りで概説したい。

従属理論（フランク）

従属理論の出現については先述のように、アンドレ・グンダー・フランクの著作に述べるところとして言及した。その理論の主張は、
(i) あらゆる国が同じ経済発展段階パターンを通過すると仮定するのは誤って

いる。現在の先進資本主義国はこれまで、今日の多くの国々にあるような低開発状態だったことはない。

(ii) 低開発状態は、「その国々の」内側から理解することはできない。それは世界の資本主義制度の不可欠な部分を構成している。

(iii) 国の経済状態の「二元的」解釈――経済は、一つは現代的で資本主義世界の影響下、もう一つは孤立し封建的で停滞気味という二つの自律するセクターが構成するという理解――は拒絶しなければならない。世界を構成する制度はあらゆる経済状態を互いに貫いている。

(iv) 「植民地主義的な」本国と「本国に依存する」衛星国の関係はその内側に反映されている。

(v) 衛星国が最も発展したのは、本国の中央政権が最も弱体化した時だ。十七世紀のスペイン恐慌、十九世紀初頭のナポレオン戦争、一九三〇年代の大恐慌と二つの世界大戦がその例である。

(vi) 保守的な封建的セクター（国の経済の「離陸」なし）とダイナミックな資

本主義セクター（経済の「離陸」がある）という二元論に代わって、フランクはあらゆるセクターが商品交換の一般的プロセス、すなわち市場システムに常に参与していることを証明する。つまりラテン・アメリカの国々は最初から資本主義的であり、資本主義の世界制度に組み入れられるという依存的本質がその低開発状態の原因であると主張する。

フランクは(iii)については確かに正しい。地域の「後進性」神話を利用したのはリベラルなエリートたちだった。ヨーロッパ商品との競争の影響のためか、地域が世界市場の原材料生産の役割を果たすべきという要求のためか、あるいはその両方のために地域内部の比較的多様性ある経済が崩壊したのだが、そうした地域の反応を疑わせるためだった［マッコイ 一九八二、参照］。しかしさらに理論的に厳しいマルクス主義者たちが問題にしたのは(vi)で、フランクが市場を特徴ある資本主義と見なすやり方だった［ラクラウ 一九七九・15―50］。そのように見なす場合、資本主義は、世界が新石器時代の昔から見てきたすべてということになる。マルクスにとっては労働力の売買がその違いであり、生産手段［である労働力］の所有権を直接の生産者が売却すれば結果的に損失を被《こうむ》るのである。マルクスにとって商業資本の蓄積は、最も多様な諸生産様式と両立する。資本は資本主義と混同されるべきものではない。

フランクは資本主義を定義する際、生産に関係することへの言及をすべて省いている。取り去ることによってのみ、彼は自分の望む限りの広範な資本主義概念を獲得できている。彼の主な関心は歴史システム全体に立ち向かって、ある地域のいわゆる封建的後進性と、他の地域でのブルジョワ的ダイナミズムの明白な前進との間にある分離しがたい結合を示すことだ。ラクラウは、「ある生産方式」と「ある経済システム」との間の重要な差異によって、資本主義に特徴的なことがまったく不鮮明になることは回避できるという。マルクス主義者にとって、封建主義は小作農民層を抑圧する、経済以外の強制力の組み合わせを意味する。その重要な差異を心に留めるなら、農業分野の生産に関係することで封建的特徴を維持しても、フランクの恐れる二元論における関係は伴わない。ある経済システムには、異なる生産方式を含めることが可能である。封建的生産方式では、資産が直接生産者の所有であり続けるが、資本主義的生産方式では、生産手段の所有は労働力から切り離される。経済システムは「経済のさまざまな分野間、またはさまざまな生産単位の間の相互関係を、地域的、国あるいは世界規模のいずれでも」その呼称として利用できる［一九七九・35］。（「生産方式」の呼称はラクラウによるが、私は含めない。彼は一九七七年の追記でそれを不適切と考えると述べているためである）。生産の関係から始まって、なぜ周縁地域の低開発が中央部の発展に不可欠であるかを示すことができる。フランクはこれをまったくしていない。議論は以下のように展開する。

—資本の蓄積は利益率に依拠する。

—後者は余剰価値率ならびに資本の有機的構成によって決定される（有機的構成の増大は資本主義拡大の条件である。なぜなら技術的進歩が低賃金を維持しつつ労働予備力を増大するからである）。

—しかし有機的構成の増大が余剰価値率の比例上昇につながらない限り、利益率の下降が起きる。

—埋め合わせの方法は次の二つである。(a)有機的構成度の高い産業から低い産業への資本移転、(b)低技術、または過度の労働搾取が、先進産業における資本の有機的構成増加を弱める働きをする際の生産単位の拡大〔一九七九・37－39〕。

ここで求められるのは、歴史的に変化しうる従属の諸パターンに対する感受性である。資本主義について「機械仕掛けの神（救いの手）」のように語るのをやめ、ある一つの特異な矛盾についてばかり話すことをなくす必要がある。従属の関係は、資本主義という存在の周縁に常に存在してきた。最近の歴史科学研究は、中世の価格レベル格差がいつも地中海東岸地域の犠牲のもとに西欧世界の利益になっていたことを示している。

しかしこの活動は、ヨーロッパ大都市で商業資本蓄積を大いに刺激したが、生産場面での賃金関係の一般化を意味したものでは決してなかった。逆に、封建的制度の拡大につながり、余剰を最大化するため奴隷的関係が頻繁に強化されることがあった。重商主義時代のヨーロッパの拡大は、おそらく世界的規模でのこのプロセスの延長ではなかったのだろうか。その独占的立場からヨーロッパの本国側で海外統治地域での商品価格を定め―その目的は本国側に有利に価格格差を永久的なものとすることで―その一方で、経済以外の強制力という手段を用いて炭鉱やプランテーションの労働力を搾取した［37］。

この種の従属は、ヨーロッパ拡大の特異な資本主義時代とラクラウが呼びたかったところで支配的だったものとはまったく異なっている。前ページに再現されたような分析だけが、従属の現代の形を解明できるのである。ラクラウが願うのは従属の関係の歴史的特異性に注意を向けてほしいということであるが、それは生産の関係を把握することによってのみ理解できるのだ。

世界システム論（ブローデル／ウォーラーステイン）

ウォーラーステイン著『近代世界システム―農業資本主義と十六世紀「ヨーロッパ世界経済」の成立』に対するラクラウの批判は本質的に同じ考えだ。繰り返すが、「市場で利益をあげるための生産」という全体像への手がかりを探すことで、生産方式の中心の転換を不鮮明にするところに危険がある［一九七四・399］。これに基づくと、何回も言うが、世界には資本主義以外には何もなかっただろう。ウォーラーステインの著作は実際、ラクラウの引用箇所一つが示すよりはるかに特別な意味合いを有すると思う。しかし彼にとって真実なのは、一つのシステムとしての歴史的資本主義を識別するのは、資本がこのシステムにおいて自己拡大という主要目的、つまり「好奇心をもって自己を考える役割」……「さらに多くの資本蓄積」をもって、使用されるようになったという点だ［一九八三・14］。ラクラウはウォーラーステインの議論を、システム結合のために単なる主観的原則を発動させるものと見る［ラクラウ 一九七九・46］。

ラクラウの関心は、資本主義特有の生産方式の本質的決定要因すべてが経済システムのレベルに転換されるから、その生産方式理解は消失するということである。つまり植民地主義は、経済システムの分析的レベルに属する世界経済のさまざまな部分の間の構造的関係なので、生産方式のレベルに不法に転換されている。ラクラウは世界システムについて何の問題もなく語り、「全体性として考案されたこの（経済）システムの様相は十六世紀以降ずっと世界市場と同一視される傾向であるのは明らかだ」と言う。この世界経済システムはどの程度まで資本主義的だったのか。資本主義生産方式の運動の法則――つまり利益率の変動（自由労働の存在を前提とするので厳密に資本主義の範疇《はんちゅう》）――が、システム全体を明瞭に述べる運動の法則になる程度まで、である。決定的瞬間は労働力の商品化で、それが特に資本主義の利益発生につながるためである。

世界資本主義システムを語るための条件は、生産関係の特定の類型を別として、経済人（ホモ・エコノミクス）が自己利益を最大化させる傾向によってこのシステムが統合されていることではない。そうではなく、資本主義の範疇として考案された利益率の運動の法則が、システム全体の運動の法則を決定するということである［一九七九・42―43］。

ラクラウの理論的厳密さへのこだわりを支持することは必要である。フィリピンの状況を最近書いた者たちの側で、ラテン・アメリカについての議論が大きく注目され、彼らの著作の価値が増している［リベラ　一九八二、ホセ　一九八二、ベッロ　一九八二］。結果的に起こり得たことはシュタウファーの再封建化論に見ることができる。そこでは先進国と後進国の関係に一般的な非マルクス主義モデルを適用することが有意義で啓発的であるとする［ガルトゥング 一九七〇、一九七一 シュタウファー 一九七九・180−218］。

しかしこの点でウォーラーステインを批判することは、他の論点での彼の仕事の価値を否定することではない。彼の著作はロバート・ブレナー［アメリカの歴史学者］の本質的に理論的な批判を受け、ブレナー自身による資本主義への移行についての議論が、産業革命前のヨーロッパでの農業階級構造と経済発展についての国際的論争を引き起こした。この論争は決して終わっていない。ペリー・アンダーソン［イギリスの歴史学者］は、最近の概説でウォーラーステインの著作を「歴史社会学」と分類した。彼はそれを歴史学と哲学の間に近年現れた（どちらかと言えばこじつけの）理論的連結点に置いている。彼によると、「これ以降マルクス主義者の前進は不可能になった――彼らはいずれの側においても長年前進してきたが。彼らの歴史と理論はあたかも二つの乖離《かいり》した精神世界で、その二つの間を時たまちょっと好奇心から行き来するにすぎない。理論は今や歴史であり、かつてまったくなかったほど深刻で厳格なものになっている……」〔一九八三・26〕。一九五〇年代以降、マルクス主義は英語圏世界の知的勢力として、事実上歴史家たちの仕事と同義であった。その結果、英語圏とヨーロッパの過去についての一般的解釈が変容させられた。その作業すべてが累積して、一九七〇年代には「それ〔マルクス主義〕自体の形式的規律をはるかに超えた、威厳ある重みのある規範」〔アンダーソン〕へと強化された。

マルクスの言う意味で史的唯物論者になるのは不可能で、歴史的な選択についての真剣な関心――文化的変容をもたらす活動――を「主観論的」として切り捨てることは不可能である。その関心によって人々は存在の物質的状態と自分との関係を形づくったのだ。そのような選択のうちに人々は、予見も意図もしない体系の論理に従って自分たちを構造化するための物質的基盤を生み出す。ここには二つの異なる種類の因果関係が関与している。この二つを混同すべきでなく、一つがもう一方に代わると仮定すべきでもない。資本主義システム機能の説明はシステムの論理でされるべきであるというラクラウの主張は正しい。ウォーラーステインがこのシステム出現につながった歴史的選択肢を探し求めるのは正しい。諸存在の物質的条件が人々の意識に及ぼす制約は単一原因的、決定論的、非推移的［非移転的］モデルとするのは、マルクスの容認できる読み方としてはまったく通らない。ラクラウとウォーラースティン両人の誤りは、それぞれの貢献の限界が見えていないところである。二人とも相互に還元できない方法で歴史的現実全体の理解に貢献している。

過剰に見えるほどの時間をこの問題に費やしてきたが、本書にとって中心的な理由のためである。今日、われわれはこの惑星と人間の生存という厳しい問題に直面している。それは環境保護や軍事的な側面において過去の世代には思いもよらなかったことであり、史的唯物論の伝統を作った者たちを包含する問題である。今日、人間の解放に関心のある者は誰でも、一般的なマルクス主義の伝統的領域を超える問題と取り組まざるをえない［バーロ 一九八四、特に95–121、209–238、メドヴェージェフ一九八一・29–93、トンプソン一九八二］。問題なのは、「社会主義的道徳性が遅きに失した瞬間」である。女性・平和運動や環境保護運動は想像しうる最も基本的な問題を掲げたが、そうした問題は「階級相互の関係の中というよりその関係を横断して」存在し、マルクス主義の中心的関心である［アンダーソン一九八三・104］。史的唯物論が関心とする特徴的な領域の拡大については、次の各章で進める議論の重要な部分となっている。

第三章　現代の世界システム

十九世紀。二十世紀。他には何もなかった。この二つ以前にはなかった。ダンテは彼の生きた時代に〝十四世紀の真の声〟と称賛されることはなかった。クロムウェルも名をとどろかせなかった。結局は、キリストの慈悲により、十七世紀（イングランド護国卿クロムウェルの生きた時代）のことになる。

この二つはついに貨物をたくさん載せる一機の飛行機C－19－20になる。いのちを救うことも、じゃますることもありえる。一枚翼の巨大構造物は病院と電気ガトリング砲を備え、反抗的で古風な精神に対峙する。

［レス・A・マレー一九八三］

前章までで明白と思うが、現代世界システムは最初から資本主義的とする議論に私は関心がない。十七世紀をヨーロッパ経済全般の危機の時代とするエリック・ホブズボーム［イギリスの歴史家、一九一七–二〇一二］の古典的研究の結論は、困難なく受け入れられる。それは資本主義制度に向かう動きを示して、以下のように十五世紀から十六世紀の貿易パターンを記述した。

ある状況でそうした貿易は、封建的条件のもとであっても、大規模生産をもたらす十分大きい利益の総計を生み出す。例えば王国や教会など例外的に巨大な組織の要求に応じる場合、そしてある大陸全土に薄く広く見られる需要が、例えばイタリアやフランドルの繊維産業地などの特化した数カ所の産業中心地の実業家の手に集中していた場合、また産業領域の膨大な「横への拡大」が、例えば征服や植民地化などで起こる場合……十五世紀と十六世紀の拡大は、本質的にこうした種類のものだった。そしてそれゆえ本国と海外の両方の市場で、拡大自体がもたらす危機があった。この危機を、「封建制度下の実業家」——封建社会で大儲けするのに一番適していたというだけで最も豊かで力があった——は克服することができなかった［一九五四・411］。

だが私の関心があるのは、十五世紀に出現し現在まで発展してきた一つの世界システムが役立つようわれわれが語るための連続性の流れを追うことである。出現したシステムが主に明示するのは、あらゆるものが商品化に向かう傾向である。それ以前は、資本の連鎖と呼ばれるようになったつながりの多くを、為政者や道徳的権威者が「市場向け事物」として非合理、不道徳と見なしたのかもしれなかった。また、この時代以前には、こうしたつながりのうち一部は歴史的に見て欠落していたという事実もある。それは金融の形で蓄積されたストック、あるいは使役されるべき労働力、流通業者ネットワーク、または購入する消費者である。こうした要素のうちどれかは「商品化」できなかった。つまり「市場」を通した取引が可能とは考えられなかった。われわれの現代のシステムではプロセス――交換、生産、流通、投資――の商品化が増大した。以前は市場外で行われたプロセスだった。分かってきたのは、どんな社会的取引もこの利己的プロセスから除外されるべきではないということだった。これはいつ始まったのか。ウォーラーステインは次のように意見を述べる。「この歴史的システムが始まったのは十五世紀末のヨーロッパで、時とともに空間的に広がり十九世紀末までには世界中を覆うまでになった。そして今日も世界を覆っている」［一九八三・19］。

あらゆることの商品化

出現するこのシステムに特徴的なのは、文化的見地で、資本注入の特別に利己的利用である——終わりなき循環状態でもっと資本が蓄積される。蓄積のための蓄積という考えは、他の時代や文化の人々には特別すばらしい、あるいは道徳的な考えに見えなかっただろう。資本連鎖のつながりの一部は以前の社会システムになかったというだけで、プロセス全体の根底にある文化的価値（またはその無価値性）の本質を曖昧にすべきではない。大事なのはそのようなつながりが以前のシステムでは——道徳的理由によって——商品化可能とされなかっただろうということだ。こうした価値の文化的転換をもたらすためには相当の圧力があった。十五世紀の社会で教会はまだ強力な組織だったから、どの程度までこの新しいシステムの出現に責任があったかという疑問が生じる。ジェイ・W・フォレスターの経済成長の限界についての本格的研究［一九七六・337－353］で、「キリスト教は飛躍的に成長する宗教」という主張を提示している。私はこの主張が正しいと思わないし、その理由は後述する。しかしこのようにキリスト教をわれわれのあらゆる悲哀の源とすることを拒絶しても、新しいシステムが最初促進される際に教会が重要な役割を果たさなかったことにはならない。中世後期のカトリックは、資本蓄積に向かう価値の急激な変化に対して寛容であった。

それ以前の十三世紀の創造的な時代、トマス・アクィナスはアリストテレスの論じた自然の冨（食糧、シェルター）と人工的な冨（交換されるお金の形）の区別に気づき、前者への欲望は限界があるのに、後者への欲望は潜在的に限界がないことを述べた。それは理性の働く無制限の範囲が、物質的財貨の獲得に悪用されることがあるからだ［I－II、q 30、art 4］。トマスはさらに、人間の手の柔軟性が同様に無制限な人間理性の可能性につながって道具を無制限に作り出す可能性となると指摘した［I、q 76、art 5、ad 4、q 91、art 3、ad 1］。しかしトマスは、こうした可能性がどこまで実現されるか予測はできていなかっただろう。高利貸しの利子は罪としてとがめられたが、誰も経済メカニズムの実際の仕組みに興味がなかった――というか仕組みを当然知らなかった。トーニー［イギリスの経済歴史家、一八八〇―一九六二］は以下のように述べている。

……経済理論の方法に対する中世著作家たち固有の貢献は、彼らが根拠にしたことほど重要でない。彼らの基本的な仮定は二つだが、両方とも十六世紀と十七世紀の社会思想に深い痕跡を残すものとなった。それは、経済的利益は救済といういのちの実際の問題に従属すること、経済行動は個人の行いの一つの側面であって、他の部分のように道徳の規則によって拘束されていることである［一九四七・31］。

十四世紀と十五世紀は教会も社会も双方の組織があからさまに貪欲な富の追求に完全に逸脱していた。人々はますます生活のためだけではなく、富の蓄積のために働くよう駆り立てられ、それが富の生産をさらに促進した。ラムによって報告された［一九七八・299］、ジョン・F・マクガバンの最近の研究は、中世の法律家たちによる労働倫理の提唱をテーマとしている。マクガバンは当時の教会法学者、民間法律家が後世の労働倫理発展を予測していたとするかなりの根拠を明らかにしている。この転換がどれほどかは、ブライアン・ティアニー［中世史学者、一九二二－　］による中世の救貧法の研究と、ショーン・サリバンによる十三世紀から十九世紀までの私有物防衛目的の殺人に関する道徳教育発展の分析を比較することで理解できる。［ティアニー　一九五九、サリバン　一九七六］。貧困者が自身の生命保護に必要なものを守るため［いのちあるものを］殺す権利として始まるもの――生きることの権利の一つの側面――は、事物の持続を優先するために貧困者を殺す権利へと次第に変異する。

さらに時代が進み、ルターによる中世カトリックの腐敗の攻撃から欲望の制御はできないと考える傾向になる一方で、カルバンは貸金業に対する教父的、スコラ学的禁止措置を批判した。ウェーバーの主張では、カルバンの信奉者たちが勤勉の解釈を神聖なものに仕上げたとする。

弱さの時、思慮のない時を人は償いたくても、それ以外の時間での善意を増すことでは償えない……まさに罪、痛悔、償い、解放、それに続く新たな罪という人間的なカトリックの循環に場所はなかった……だからふつうの人間の道徳的行為から無計画で非体系的という性格が奪われた……絶えず思考することで導かれる生き方だけが、自然のままの状態を克服できるのだろう。この合理的思考こそが、改革された信仰に独自の禁欲的傾向を与えた……単調な苦役それ自体が恩寵の確かさを獲得する手段であった（かのようだ）［ベンディックス一九六二・60、64］。

そこで、われわれのシステムの始まりが中世カトリシズムへと立ち戻ると、カルバン主義の倫理の概念的厳密さこそが人々に彼らの奮闘努力の真の重要性を見えなくしていたことになる。それは富の蓄積自体が勤勉さの成果として善であるということだった——その成果を享受《きょうじゅ》しない限り、つまり「ぜいたくな生活」につながらない限りにおいて。マンフォードはこれを印象的に述べてまとめている。

［倫理的厳格さは］金の蛇を取り除き、もっと恐るべき怪獣で置き換えた。それは見るからに欲望をかきたてるものではなかった。その醜さと残酷さをカル

バン主義者は道徳的価値のしるしと誤って解釈した。その怪獣とはそういう機械だった……［一九七三・194］。

トーニーがわれわれに注目させる中世の道徳の根拠は、労働倫理によって変容させられ、農業生産性や、ルネッサンス重商主義、産業の増大を正当化させるものとなった。現時点まで述べたことは、キリスト教と飛躍的成長の結合についてのフォレスターの主張を立証すると見えるかもしれない。しかしそこには二つの重要な必要条件がある。第一の、最も基本的なことは、考察している時代において、成長は直線的であって、指数関数的な飛躍的増大ではないということである。第二はカトリック、プロテスタント双方の神学が、神の被造物であり神の摂理の下にあるものとしての人間と非人間の本性に対する道徳的、宗教的責任をどれほど強調したかということである。この宗教的価値の枠組みは、経験主義的合理性の出現と広がりが十七世紀と十八世紀のあらゆる神聖な構造物の終わりを画するまで、新しい傾向になんらかの抑制を働かせた［ラム　一九七八・272参照］。合理性のこの新しい領域の分析は以下で取り上げる。

あらゆるものの商品化に向かうこのシステムの傾向についての議論を終える前に、なぜこのようなシステムが、まず出現したかという疑問が起こる。誰の利益になっていたのだろうか。進歩という神話を軽率に信じる者だけが、すべての者の利益になるという答えを考えるのだろう。だが過去からの被抑圧者側のただ一つの哲学的意見であるマルクスでさえも進歩の自己正当化イデオロギーの影響を受け、インドでのイギリス植民地政策の「進歩主義的」役割を称賛した。また経済学者ジョーン・ロビンソンが、資本主義者の搾取の犠牲になるのはひどいことだが、もっと悪いのはそれほど搾取されなかった人々の運命だとした見解に触れて、ガルブレイスは承認を与えている［ガルブレイス 一九八二・125でロビンソン 一九六四・45に言及］。われわれの関わるシステムが持つ歴史的に見た否定要素を自分から分かることは難しい。このシステムの最初の百年の人間の代償を理解することさえ困難だ。メキシコの人口は一五三二年に一六、八七一、四〇八人だったが、一五八〇年に一、八九一、二六八人となっている［デュッセル 一九八一・42］。ハンス＝ユルゲン・プリーンは新世界の総人口が一四九二年に一億人であったと推定し、一五七〇年までには一億から一億二千万人の生存者がいたとする［一九七八・82］。これは比類のない大虐殺である。このシステムが分配の観点からそんなにも恐ろしい結果をもたらしたと言うなら、まずもって、なぜこのシステムが始まったのか。

ウォーラースティンによれば、まさにその理由がそれほど悪い分配の結果を確実にするためだという。彼の説明は次のようになる。経済的に封建制ヨーロッパは弱体化していた。平等主義的分配への圧力は強かったし、小作農民たちは生産効率が非常に高かった。支配階級の内輪もめや対立がしばしばあり、カトリシズムの観念的な絆は、平等主義運動からの内的緊張の下にあった。求められた変化の方向は上層階級を愕然とさせた。この危機に対する上層階級の反応に効力があったということが、ウォーラースティンによる二組の数字で示されている。一四五〇年から一六五〇年の二百年を見ると、この時期の終わりまでに社会のシステムとして実行可能である現在のシステムの基本構造が成立しており、しかも一四五〇年に上層階級だった家族と一六五〇年にその地位を占めていた家族の連続性もかなり保たれていた。一六五〇年から一九〇〇年の期間では、一四五〇年時点との比較の大部分が当てはまっていた。平等主義化への傾向は徹底的に覆《くつがえ》されていた［一九八三・40–43］。以下の各セクションで、私はこの新システムの構造的要素の幾つかを、簡潔で申し訳ないが記述する。

労働のプロレタリア化

現代のシステムに先んずる歴史の諸システムでは、ほとんどの労働力の所属は固定され限定されていた。種々の法律や慣習的規則──奴隷制度、借金の束縛、農奴制、恒久的な小作の取り決め──によって、ある場合は生産者自身、その一族、または生産者と結託した者たちに属した。固定した労働力が資本蓄積を目的とするプロジェクトには深刻な限定をもたらすのは明らかだ。生産活動が拡大すれば非固定の労働力が必要になる。これが賃金労働制度の基礎となり、労働を売るしかない者たちがプロレタリアと呼ばれ、労働市場が機能することになった。われわれの歴史システムの前進は、労働力のプロレタリア化の増大で示された。

ウォーラーステインはこのプロセスが個人レベルでは必ずしもうまく当てはまらないと述べる。むしろ主に世帯レベルに適用されるものとして見るべきだと言う。それは共有する収入と資本の比較的安定した構造で、その中で個人が生活する傾向があるとする［一九八三・23］。この主張が認められるなら、半プロレタリア化が絶対プロレタリア化より資本蓄積のニーズにかなっていたというウォーラーステインのさらなる主張も意味が通るようになる。生存のための生産という経済は継続する必要があったが、広く認める必要はなかった。世界的にも、賃金労働者が半プロレタリア化世帯に存在することは、統計上の基準になっていた。

システムの本質的な性差別

歴史的に知られている文化はすべて女性に対する差別があるが、抑圧の形態はシステム固有の観点で理解すべきで歴史的には不確定である。われわれの現代のシステムの性差別の鍵となるのは、先述の段落の問題に含まれる。これは本当に幅広い対応が求められるが、われわれの目的からすると、労働者階級に「生産的」と「非生産的」労働の区別が課されたことに注目するにとどめなければならない。生産的とされるものはお金を稼げるということである。市場に余剰をもたらすもの以外のすべては「単に生存に必要最低限なもの」としておとしめられた。女性の労働は社会における力と位置を女性に与えたが、今や非生産的と見なされ、「本当の」仕事としての社会的承認が次第に拒否されるようになっている。そしてそこには、「職場」「大黒柱」「主婦」などの言葉が出現している〔イリイチの最近の著作『ジェンダー』一九八三、参照〕。

世界の労働力の倫理化

性差別を他の歴史的な女性抑圧の形態と融合させるのが誤りであるように、外国人嫌悪の歴史的なかたちを現在の人種差別という現象と混同するのも同様に間違っている。認識すべき関係は、民族性と労働力配分のそれである。人種差別のイデオロギーの主張は、さまざまな集団の遺伝的特徴と文化的特徴の両方あるいはどちらかが、経済システム下で差別的報いを受ける原因であるとする。このイデオロギーをあおって、その構造的維持を助けたのは、さらに別のイデオロギーである普遍主義だった。普遍主義は知り得ることについての信念で、知り得ることはどのようにして知ることが可能かについての信念である。それは、われわれには知識があり、他の人々には信念があるという。それは古典主義文化先入観と科学主義の融合から発生した。すなわち、科学を知ることは文化的条件下の課題で、固有の文化的価値の中にあるという理解がない。

普遍主義がこのシステムに役立たせられるありさまは教育的である。普遍的な真実――それはたまたま権力者の真実である――に訴えることは、すべての学校教育事業を支える。その名において、人々はシステム上必須の文化的規範を教えられ、競合する文化規範からは遠ざけられる。そこに関わるのはキリスト教の布教活動、ヨーロッパ言語の強制、道徳規範と法典における変化だった（これに関してはオーウェン（一九八四）参照。［フィリピン・］ビコラノ族が蓄積という「自明の」価値を受け容れたがらなかったという歴史的証拠に直面した著者の困惑が明かされる）。

歴史的資本主義下に制度化された教育構造は中央および周辺地域でのエリート養

成をもたらし、そのエリートたちにはこのシステムの価値を自明として「受け入れさせ」、知的解放という建て前で下層労働者階級の支配を託させる。この歴史的枠組みの見地においてのみ、学校制度と専門職に対する文化批評家イヴァン・イリイチのとどまるところのない非難を人々は正しく評価できると私は思う［一九七三a、b、一九七五、一九七六、一九七七a、b、一九七八］。そのような歴史的理解は、「何もできなくする専門職」「役に立つ失業」「楽しい苦行」といった好まれるイリイチのカテゴリーから逆説的な響きを取り去るのだ。

国境を越える企業とシステム

二つの基本的なメカニズムが働いてわれわれの歴史的システムの中で利益を増大させた。独占状態の増大と「（企業の）垂直統合」である。垂直統合とは生産の連鎖の中でどんどん多くのつながりを所有することである。この後者の装置は、この連鎖のある特定段階では買い手も売り手も同じ取次者になるという都合の良い結果となる。この状態は十六世紀から十八世紀の特許会社や十九世紀の巨大貿易商社、二十世紀の多国籍企業で見ることができる。「中央」や「周辺」という言葉は利益の流れがどの方向にあるかを示している。商品のつながりが国境を超えるという説明は二十世紀と同様十六世紀でも真実である。

☆　☆　☆

われわれの世界システムについて私がこれまで書いたことの大部分はまったく否定的で、不可避的進歩の考えに対する現代の幻滅にもかかわらず、過去四世紀の実際の達成や躍進が公平に扱われていないと思慮深い読者は感じるだろう。この時点で私は以下の分析を提示して、微妙な差異を示し、われわれの歴史的システムにおける不明瞭な成果の根拠を明らかにしたい。

☆　☆　☆

経験主義的合理性の発生

合理性は出現する世界システムの際立った点であるというのはありふれた考えである。分析の必要があるのは、ここにどのような種類の合理性があるかということだ。これは、合理性の意味は意味の支配地平とともに変化するという場合にすぎない。ロナガンはそのような三つの領域を区別している。［一九六七・252–267］

(i) 古典的地平は主体的極が文化的世界の基準と認められる構図で、客体的極はその文化的世界に適合しなければならなかった。そこでアリストテレスはいかなる知識をも、物質的・形式的・効率的・決定的要因の、確実・不変・必要・真実である知識に近づけることで合理性の理想を述べる。あらゆる探求は規範的文化世界の形而上学的範疇を前提としている。

(ii) 合理性の現代的地平は、主体的極が基準としての客観的知識の認可された構図を拒否する地平で、そのようなあらゆる構図が――意味の構図であれ価値の構図であれ――物質とエネルギーの世界における立証で支配されなければならないとする。これが「経験主義的合理性」で、物理科学において最初の成功を手に入れた。地理的発見は、古典的文化から経験的に分岐した文化を意識することにつながった。歴史研究は人間世界のあらゆる構図がいかにして経験主義的条件付けに依存しているかを示した。その傾向は、人間科学の方法を成功した経験主義的自然科学を模範として形成することで、その結果、意識の活動と人間の歴史的世界の構図は次第に自然世界のプロセスへと還元された。それゆえ物理科学における経験主義的合理性の莫大な積極的利得は、広がる還元主義、物質主義、実証主義、相対主義、歴史相対主義を伴った。こうした後者の諸プロセスの結果、われわれは現在、意識と文明の世界が核のホロコーストによって物理的世界へと文字どおり還元されるかもしれない深刻な可能性に直面している。

(iii) 現代の意味地平または支配は、主体的極が人間の意識構造を使ってそれにより人間世界と客体的極としての物理的世界のあらゆる知識と行為を相互に関連づけるところである。この地平は、生物と人間科学において見つかるべき理解度の種類に適切な、微妙な差異のある区別化した経験主義的方法を促進する。これをさらに具体化する試みは、次章の内容となる。

現代の経験主義的合理性を構成する意味の支配に注意を向ければ、そこに出現するパターンの把握は簡単で、人間の実践の問題がこの時代全体で覆われるその容易さの理解も簡単になる。何度も引用されるようになった判断の言葉として、ハーバート・バターフィールド［イギリスの歴史家、一九〇〇－一九七九］は、「キリスト教の出現以降、十七世紀の科学革命と比較されるに値する歴史上の目印はない」［一九六五：190］と言った。この言葉は、世界歴史上の重要性を持つこのプロセスが出現することになったさまざまの重要な節目を解放するのに役立つ。

経験主義的合理性の出現

ルネッサンス初期は、資本蓄積の発展と、枢機卿や君主たちが戦争資金を借りるために訪れるメディチ家のような銀行家の出現があった。十七世紀までにこうした働きは国民国家や大銀行（一六九〇年のアムステルダム銀行など）に代わられる。リシュリュー［フランス宰相］、ヴァレンシュタイン［ボヘミアの軍人・政治家］、グスタフ二世アドルフ［スウェーデン国王］、クロムウェルの仕事は、重商主義が国家権力と組んで、軍隊の拡大と官僚主義ヒエラルキーのために行った資金調達を表す。バターフィールドの前述の判断によると、長期的に見れば実際の地位の権力闘争は経験主義的合理性の出現ほど重要ではなかった。経験主義的合理性は新しい自然科学という名目で、コペルニクス、ガリレオ、ケプラー、デカルト、ベーコン、ホッブス、ロック、ニュートン、パスカル、ボイル、ライプニッツなどの人々の業績を通して現れた。もちろん、こうした人々のほとんどが信仰深く、画期的な科学の仕事と同時に神学的探求を行っていた者たちもいた。ニュートンの仕事は二つの世紀にわたって科学的思考の基礎となったが、彼は『プリンキピア』［古典力学の基礎を築いた著作］や『光学』に費やしたよりも多くの時間を三位一体やヨハネの黙示録についての冊子に専念した。また、デカルトは自らの科学的業績によって古い神聖な真理を護っていると主張した。

しかし経験的立証による自然世界の意味支配の成功こそが、結局あらゆる宗教的価値を世俗主義へと還元することにつながった。この転換はもちろんそれに寄与した歴史要因から離れて起きたのではない。統一していた宗教文化の土台が宗教戦争で破綻し、人間世界での張り合う崇拝対象が導かれ、残虐な宗教戦争は思慮深い人々を理神論にあるような自然理性的宗教性に導いた。例えばデカルトはその体系をまとめるために神を必要としたが、経験主義的合理性は自然世界の理解を得るのに「神という仮説」が必要ないことを発見するのだった。今日われわれはフロイトやマルクスが宗教を集団神経症または社会経済的疎外の投影とする考えにあるような、宗教的価値のあからさまな世俗主義的還元の状況にある。そうでなければ宗教的価値は歴史、心理学、社会学といった経験的探求の観点においてのみ意味があるという世俗主義的主張にあるような、隠された還元状況である。

経験主義的合理性と経済的価値

本章の前掲箇所への明らかな関心は、経済的価値についての新しい地平の影響である。当初の影響はホッブス・ロック・ヒュームの政治哲学によって仲介された。彼らは「自然権」を根拠とする経済理論を発展させたが、その根拠はすべてのものの平等を主張しながら以下の見解も維持するという根本的に曖昧なものだった。

社会は合理性のレベルによって区別される二つの階級から構成される――「勤勉で合理的」で資産を保有する人々と、勤勉でも合理的でもなく、蓄積するのでなく生活するためだけに実際の労働に携わる人々である［マクファーソン一七九六・243］。

財産を有する市民はフランス革命時に自由の対象であり、一七九三年のフランス憲法では自由の内容の主要決定要因が財産である［以下参照。ブロッホ一九六六・220−227、メッツ一九七七・25−43］。ロックは財産獲得についての制限を取り去った――そこで個人の「価値」はどれほどたくさん所有するかによって測ることになった。普遍的な数学・力学はあらゆる知識の規範になっていた。

自主的な政治経済は啓蒙主義の中で、古い秩序の宗教的価値に対する正面きっての攻撃とつながっていた。ホルバッハ［ドルバック(d' Holbach フランス語読み)］とヒュームには、不可知論的な非・有神論だけが啓蒙された知識、すなわち自己と彼らが発展させている世界についての世俗主義的な経験的理解と両立するものだった。「唯物論者と知覚論者の還元は、聖なるものを世俗的なものに吸収させ、文化を産業に吸収させる力学的概念論の成功を確実にした」〔ラム 一九七八・274〕。そこでは啓蒙主義が人間の自立と尊厳を高めるというすばらしい目標を掲げて出発した一方、その目標に向かう主な手段は経験主義的合理性であり、実際には人間を構成するものから自立や尊厳を除外させていた。古い秩序の価値を攻撃することは合理性をその秩序による過剰な支配から解放するという短期的結果をもたらしたが、長期的結果は唯物論的経済価値を絶対化することになった。

一七七六年の『国富論』出版は、経済的価値を決定づける上で経験主義的合理性の突破を示すことになった。アダム・スミスの著作で還元主義パターンは明らかに人と社会の当然の自然本能を経済理論の基礎としている。人々は利益のために交換するという「自然な性向」がある。その一方で社会の「自然な傾向」は一つにまとまろうとすることであった。訓練統制された労働によって生産を増加させるという共通の利益を前提とすることで、スミスはこれがお金や富や所有物を無制限に獲得していくことにつながる一方、いかに重商主義の不確実性を回避するかを示そうとした。しかしスミスは道徳哲学の大学教授職を辞していたが、社会を導く「見えざる手」を語るのにシニカルな態度だったのではない。彼が言及したのは規制する公正の原則で、神の摂理に対する深い信仰を表現していた。ただ仮に経済学を道徳哲学から切り離したのだ。だが彼の意図が何であれ、その著作は道徳生活という大きな状況から経済を切り離させる強い推進力になった。ニコラス・カルドア〔イギリスの経済学者、一九〇八―一九八六〕は経済理論が道を踏み外したまさにその瞬間を正確に指摘できると主張する。

私なら『国富論』第一巻第四章の真ん中に書き入れると思うが……この章では社会経済でのお金の必要性を議論した後でスミスが突然、貨幣価格、実質価格と交換価値との区別に魅せられて、なんとそれ以降は製品価値と価格と要因はどのように決まるのかという問題にのめり込んでしまった。第四章以降のスミスから、リカルド、ワルラス、マーシャルを経由してドブルーや最も洗練された今日のアメリカ人学者たちに至るまで、価格理論の継続する発展をおおよそたどることができる［マクシェーン一九八〇・134による引用］。

主流の経済理論はこうした「古典的」政治経済の批判を、経済プロセス研究の経験的立証可能な手段開発に関わる分析的経済学の見地だけで構成する。この分析的経済学は、具体的な経済価値のこれまで以上に洗練された数量化を達成したが、そこでは経済価値の概念が、専門化の増大で政治経済学での労働価値説から、価値の限界効用理論の多種多様な理論を通して平衡分析の数量的無差別曲線へと伝わっている。私自身が現在この分野を読むのは、シカゴでの出版物『経済発展と文化変容』の数ページに限定される傾向だが、まさにそこに技術の卓越《たくえつ》と展望の貧困というコントラストが最もあからさまである。理性の表れが数量化である限り、本当の問題は見逃され続ける。

「古典的」政治経済の根本的批判は、第一にカール・マルクスの業績と関連づけられる。社会主義による生産手段の専有は、生産の余剰価値をその価値を創った労働者たちに取り戻させ、労働者たちはそれにより疎外状態を捨てる。労働の余剰価値である使用価値を労働者であるその価値創造者に返すことは、商品の物的崇拝のうち、価値の物象化をなくすことになる。次に、経験主義的合理性が還元主義の地平に巻き込まれることで、この批判がどれほど妨げられたかを見てみたいと思う。

産業革命と労働の物象化

十九世紀の特徴は産業革命と同時に、自然科学の様式をまとった経済学がさらに表明され、経験主義的合理性が一般に優勢になったことだ。この世紀の経済学者たちの経験主義的に有効である分析的発見は、還元主義的認識論の姿をまといがちであった。これが人間の労働についての考え方にもたらした圧倒的影響はウェイスコプフ［アメリカの経済学者］によってうまく表現されている［一九五五・66–67］。

労務とは、食糧や必需品を投入することで生み出される生産作業と解釈される。これらの賃金財に投下された労働は商品労働を生み出し、その価値を決定する……こうした解釈は政治経済が社会的関係を物象化するという一般傾向を反映している。労務は生産連鎖の中で一つのつながりにすぎない。交換可能な商品を生産するが、その代わりに交換可能商品によって労務は「生産」される。労働者は商品を生産できるようになるために商品を消費する。人々の生活の目的は市場のために生産することだ。経済価値の複合体はこの理論に反映されている―労働と生産は究極の目的である。それゆえ力学と倫理学の展望は、統一された世界の構図のうちにまとめられている。

この時代の宗教制度は経験主義的合理性の肯定的前進とその還元主義的主張を区別できなかったので、世俗動向全体の自律性を非難することに熱心だった。振り返ってみて歴史の時間的隔たりで分かるのは、自然科学における経験的探求の実際の進歩に細心の注意があったなら、必要とされたその区別にどれほど寄与できたかということである。バターフィールドは『化学における後回しになった科学革命』について述べる。それは妥当な科学の観点から物理のレベルから化学のそれへと移行するのに要した時間のことを言っている。化学は十八世紀末になって、やっと科学的なものとして出現した。理由は簡単明瞭だ。化学的現実は物理的現実より理解するのが難しい。同様に生物学研究が真に説明的、すなわち科学的観点に移行したのは十九世紀だった。コンラート・ローレンツ［オーストリアの動物行動学者、一九〇三―一九八九］が一九七〇年代にノーベル賞（生理学・医学賞）を受賞したのは、動物学が動物についての学問を発見したからだとマクシェーンは半分冗談で述べた［一九八〇・88］。ここで得られる洞察は私の議論の中核を成している。それは還元主義的方法論が、発展するわれわれの宇宙のますます複雑になる理解レベルを十分に表すことができないということだ。われわれは人間についてのふさわしい科学といったものから、まだ驚くほど隔たっている。しかしそれが依然として遠い展望でも、われわれは宇宙についてのあらゆる知識を賢明に利用する（または使用しないと決める）ことができる。最終章では、われわれを前進させるような発見について概略を述べたいが、ここではやむをえず漠然とした感のある本章を閉じねばならない。本章の終わりに、現代における意味の制御が不適切であることを思い起こさせる発見の数々に触れる。

危機の始まり

ここまで考察した経験主義的合理性の形づくる思考は直線的に固定されるため、今日の欧米化文化圏の人々にとって最も困難なことの一つは、何か善いことをしても、同じことがこれ以上必ずしも善くならないという事実を理解することである［カプラ 一九八二・41参照］。価値の最大化という現在の枠組みからわれわれを追い立てるほど巨大な衝撃的経験が必要になる。しかしちょうどそんな経験が二十世紀後半に人々に影響を与えた。最初衝撃は、人口爆発の現実と意味を把握し始めた時にやってきた。

しかしさらに衝撃的なことが待っていた。現代世界で最も重宝される考えに疑義を付すところにあった――それは成長が続くという思い込みである。成長は一九七〇年代の先験論争になるところだった［バーネット、ミュラー 一九七四・334］。二一〇〇年まで推定し、人口と生産成長の指数曲線を比較した研究は迫り来る破滅的状況を指し示した［メドウズ 一九七二、一九七三、一九七四、参照］。結論は以下になった。

1　人口と物質生産の飛躍的成長は、現代のほとんどの社会で社会経済的変化の支配的な力である。

2　現在の成長率は永久に維持されることはない。さらに五十年継続するというなら、現在の傾向は重大な物理的限界を確実に超えるほどになるかもしれない。

3　成長は、地球の限界に順応するか、ないしはその限界を突破して制御できない衰退が起こるかのどちらかによって終わりを迎えるのかもしれない。

4　限界突破の習性は、暗黙の価値観が物理的成長を促進させる限り世界システムの支配的様式である。

以下の研究が解明したのは、必要なのは飛躍的成長からゼロ成長への移行ではなく、差別化された有機的成長への移行であることだ。この洗練された論点は、資源開発された世界の地政経済的［地経的］地域にとって重要である。なぜならそうした地域が歴史的な世界システムの犠牲になった結果、直面する現実の危機に対処可能な方法を示すからである。

こうした研究成果に対する各分野のさまざまな反応から得るものは大きかった。自然科学者たちはその成果を真剣に考慮し、有機体である世界の真理をわれわれが試すことができるようモデルの開発に即座に着手した一方で、経済学者たちは憤慨した。それにW＊O＊L＊Fとプリントアウトしたコンピューターについての話［ケイスン 一九七二・660–668］や、悪いニュースの供給過剰についての話［サイモン 一九八〇・1431–1437］もあった。資源と環境への集中に対するマルクス主義者の反応には、さらに激しいものがあった［エンツェンスベルガー 一九七四・3–31］。何世紀もの経済的思考の傾向として、検討中データにはまったく注目してこなかった。採掘産業などでの生産高一単位に必要な労働と資本の指標に集中する経済学者たちは、この指標が過去一世紀の間に劇的に減退したと主張する。そしてこれを根拠に資源欠乏の証拠はないと言い立てる。だがその指標が自然科学者たちを感心させたことはまったくない。なぜならそれは残存資源の質と量についても、新技術開発の困難についても何も言わないからだ。経済学者たちは新技術を社会的・環境的に制御するのに必要な組織的複雑さの増大もまったく無視する。農業生産のために購入される投入物――燃料、電気、水、肥料、農薬――、つまり現代の農業技術に関連する投入物は現在の支出割合では労働に匹敵するが、問題の指標がカバーする狭い範囲からは外れる。採掘産業で経済学者の指標が無視するのは、公共部門の比例的に増大する支出で、教育、研究、開発、輸送や他の物理的インフラストラクチャーの環境管理もあり、多くの場合防御費用もあるので、それだけで現代の資源搾取を可能にする。リチャード・B・ノルガードの概説記事［一九八四・525–546］によれば、資源利用の飛躍的成長は続かないという論理を受容して、自然そのものから課されるより前に人間が自分から制限を課すことを論ずる唯一の経済学者は、ハーマン・D・デイリー［一九八〇］だった。

しかしマサチューセッツ工科大学で行われた元の研究を支える経験的データは不明瞭なやり方で蓄積されている。そのデータは現在『地球管理のガイア・アトラス』［マイヤーズ 一九八五］で整理されているが、ここでは調査の現段階のデータ評価にとって妥当な注意書きをすべて提示した後で、編集長が以下のように述べる。

……データは徹底的に明確な意味を持つ。もっとも壊滅的なのは土壌侵食、砂漠化、森林破壊、生物種の消失、汚染の度合いを示すデータである。軍事化、暴力の増大、所得の分離、人間の苦難、浪費される潜在力について十分実証された事実も同様である。たとえ推計が変わっても……大部分は過大というより過小に見積もられる傾向にある〔259〕。

意識的目的という逆説

現実に適合しない合理性なら、かなり逆説的な様式で機能せざるをえない。そうなると善いことだけするつもりの時でさえ大きな悪をなす可能性が高い。最近、世界保健機構（ＷＨＯ）はボルネオのマラリアを抑制しようと試みた。ふつうは病気を媒介する蚊を殺すためにＤＤＴを撒布する。都合のよいことにボルネオ島内陸部のダヤク族は五百人前後のグループを作って一つ屋根の長屋に一緒に暮らすので、撒布計画はたいへん効率よく進められた。短期的成果は満足いくものだった。人々の健康状態は迅速に劇的に改善した。しかしこの介入の失敗は、生態システムの循環構造を考慮しなかったためだった。

ＤＤＴの撒布以前、彼らの草ぶき屋根の長屋は、ネコ、ゴキブリ、小さなトカゲも含むさまざまな種類の有機物すべての居住環境を備えていた。ゴキブリはＤＤＴを吸収し、そのゴキブリはトカゲに食べられる。ネコがそのトカゲを餌にする。食物連鎖のステップを上がるごとにＤＤＴが高濃度になり、トカゲの含有量はトカゲを食したネコを殺すのに十分になっていた。ネコが死ぬとジャングルのネズミたちが村々に侵入し、ノミやシラミや他の寄生虫を持ち込んだ。こうした新しい有機物たちの共同体は村の人々にとって森林の伝染病の形をとった新たな脅威となった。この伝染病発生を防ぐため、生きたネコたちをこの孤立したダヤク族の村にパラシュート投下してネズミを制御した。新しく到着したネコが新しく登場したネズミに対処する間、ＤＤＴ撒布の別の影響が発見された。ＤＤＴは小さな毛虫を食する動物たちを殺してしまったようだった。その数が効果的に制御されていた間は、小さな毛虫が長屋の屋根に与える損害は最小限にとどまっていたが、今や毛虫数は爆発的に増大し、草ぶき屋根が崩壊して住人の上に落ちるほどになった［以下参照。コー

ツ　一九八〇・531–532、および参考文献］。

この話は局地的影響のあった小さな介入の様子を記述するだけである。しかしわれわれの工業化社会は、この地球一つが持つあらゆるエコシステムを急速に混乱させ破壊している。われわれはまだ発見さえしていない生物の種を絶滅させている。われわれの子どもたちが地球の残骸のただ中でいのちを保てないなら、われわれの意識的な目的で何が間違っているか十分認識する必要があるし、質に対して目をつぶってしまう文化の依存的習性を断ち切る必要がある［ベイトソン　一九七〇・3–20、カプラ　一九八二・99–262、レイン　一九八二］。

第四章　適切で均衡《きんこう》のとれた経験性

われわれは分かりすぎるくらい分かっていた。
卑劣さを憎悪することさえも眉をしかつめらしくさせ
不正に対する怒りさえも声をとげとげしくする。
なんということだ、われわれは優しさの基礎を置きたかったのに
自分たちを優しくさせることができなかった。

——ブレヒト『後世へ』

レーニンがコップ一杯の水から弁証法を説明できたなら、
なぜ——あなたにできないのか。

ケント州の炭鉱夫　一九七四
［シャルラットによる引用　一九八二・三］

二つの事柄がこの小著の残り部分の中心となる。その二つは互いに関連する。第一は、現代世界の形成のために入り込んだ歴史的な力を正確に描写すること、第二は現代性の挑戦に対して与えられるべき適切な回答である。その回答はもちろんある程度この著書のタイトルに含まれる。創造性に富んだ回答は希望を伴わなければならない。だが希望に根拠がないわけではないと言うなら、つまり無からの創造物でないならば、歴史プロセスに存在する肯定的な可能性に関連していなければならない。どれほど批判を受けるとも、現代性は最終的な分析において肯定的に考え出されるところに開かれていなければならない。前章の記述的データは判断を間違いなく否定的な方向に向けたように見えるかもしれない。前章までの記述データは、間違いなく否定的方向へと判断を向けさせていた。このデータを真剣に受け取るなら、現代性の肯定的概念は、思想史が歴史と絡《から》み合うそのプロセスをほどくことによってのみ、現れてくる。歴史的プロセスの何であれ、人間の偏見が肯定的部分と絡み合い、それを歪曲してしまう様子に焦点を絞ると、この絡み合いをまず失敗と考えてしまうかもしれない［以下参照。ロナガン 一九五七・227以降、一九七二・178

以降〕。その代わりに、そしてもっと楽観的に言えば、「熟成の時間」〔マクシェーン一九八〇・158〕の見地からその絡み合いを肯定的に考えられるかもしれない。もし誤った信念の発見を高く評価したロナガンに賛同すると言うなら、歴史プロセスを失敗と解釈するか、それとも成功に向かっての模索と見なすかは驚くほど問題ではない。

希望と空想をもって前進する条件は、現代の歴史で起きたことで、それが現代的であるとするものは何かを包括的に理解することである。そしてそれとともに歴史プロセス全体を完全にわれわれ人間に責任あるものとして「所有する」ことである。前の文章で私の使う「空想」という言葉は、マルクーゼ〔アメリカの哲学者、一八九八―一九七九〕の使用法に倣っている。

空想がなければ、あらゆる哲学的知識は未来から切り離された現在または過去に囚《とら》われたままである。未来は、哲学と人類の本当の歴史の間の、唯一のつながりである〔一九六九・155〕。

予測するなら、そこでたぶん分かるのは、われわれがまだ時間のかかる、要求の高い課題のほんの最初にいることだ。大げさに言われた知識と科学技術の「爆発」とは、さらに正確に読み込むなら以下のようになる。

ほとんどは単純な疑いがゆるくつながっているだけで、そのうち最も好ましいものは、歴史の構図と連鎖の枠組みのうちにあまりにも性急に客観化されている［マクシェーン一九八〇・20］。

現代性を詳細に述べること

第二章冒頭で現代性を特定するさまざまな方法について述べた。その中で言及したピーター・バーガーの仕事は、彼によれば方法の探求だという。バーガーには基本的戦略が欠けているので、探し求めていた方法は出現していない。現代性の不安と彼の考えるものが克服されるなら、中間構造の必要性についてバーガーはたいへん明確である［一九七四・213］。こうした中間構造が有益ならそれが何を具体化するかについて、彼は明確でない。

バーナード・ロナガンのライフワークは現代性への招きとして理解される。それは過去数世紀の間に前進したことを把握するよう招く。彼の基礎的研究『閃き(Insight)』(一九五七)はそうした招きで、一般化した経験主義的方法の使用を促進した[243-244]。その方法とは「現在の結果と蓄積する結果を生み出す、関連ある反復する働きの規範的パターンであり」……「一般化した経験主義的方法は、感覚データと意識データの両方を組み合わせたところで機能する。主体の対応する働きを考慮に入れずに客体を扱わない。対応する客体を考慮に入れないで主体の働きを扱わない」[一九八五・140-141、ロナガン一九七二・3-25参照]。しかしこの基礎的著作は文脈を説明する必要があったし、必要な文脈説明は『神学の方法』(一九七二)で準備された。こちらでは現代性の成果を、現代の知的活動にふさわしい方法が生成する状況の八種類の機能的特殊性を通して循環させている。しかしこれは現代の活動にもふさわしいと言える。

無垢《むく》の時代には人間の真正さは当然のことでありえた。邪悪さが認められる一方で、自明のこと、必要性、またはカントかコント風の健全な批判哲学を援用することで邪悪さを回避できると思い込んでいた。無垢の時代は終わり、決して人間の真正さが当然のことではないのを、今われわれは知っている。好むと好まざるとにかかわらず、われわれが立ち戻ることなく乗り出したのは、真理探究のすべての活動での必要な契機として疑いを解釈するということである。過去において意志より知性に優位を与えた理論と、現在において自動的な進歩を自由に信じることの双方は、学問的世界を人間の生の非合理なものへの懸念から「自由にした」。無垢の時代の終焉《しゅうえん》は実践を前面に押し出し、実践は最後の避けがたい問題を掲げる。すなわち、それをどうするつもりか、自分の知識をどんな役に立てるというのか。

経験主義的方法は下から上に向かって動く。経験から理解へ、理解から事実の判断へと向かう。それが可能なのは、経験データが理解可能であり、直接的な理解が把握できる客体も理解可能ということを前提にできるからである。しかし実践は無垢の時代の終焉を認める。真正さは当然ではないという仮定から出発している。その理解は発見の解釈にも疑いの解釈にも従う……だが基本的想定、二重の解釈、真正と真正でないものの識別が、確かな方法を提起する。この方法は価値の理論的判断と実践的判断の複合したものである［一九八五・160–161］。

ロナガンはさらに詳細な方法で、古典的文化からわれわれのはっきりした現代的な理解の方法、知る方法への移行に関与する転換を特定する［一番最近の一九八五・35－54参照］。しかしさらに重要なのは、実践を止揚する状況を主題化するというロナガンの貢献である。その状況とはわれわれの理解すること、知ることのすべてを効果的に位置づける、人間の選択と決意の状況である。マクシェーンが言うように、大事なのは、大事であることの実践を主題化することである［一九八〇・23］。あらゆる科学主義と実証主義に対抗して、ロナガンは真正さがわれわれの知ることと行動することのあらゆるレベルで必要であると強調する。

［われわれの取らなければならない立場は］真正さのそれで、真正さとともに知性がわれわれを経験の基礎構造を超えるところに運び、その基礎構造を豊かにし、拡張し、組織するが、決して軽視したり、さらにその根本的役割を妨害したりしない。真正さとともに、合理的考察は知性の構築物を超え、占星術と天文学、錬金術と化学、伝説と歴史、魔術と科学、神話と哲学それぞれの間の境界線をはっきりと引く。真正さとともに、道徳的熟考は認識プロセスを超えてわれわれを自由と責任の領域、

評価と決意へと連れていくが、それは理解の経験や事実判断を無効にしたり無視したりするようなやり方ではなく、価値判断のさらなる確かな真理を加え、真正さが当然にはならない状況が要求してくる決意を増すやり方である［一九八五・160］。

ロナガンは他の人々の主張をすべて考慮しながら、現代性のあらゆる側面、その成功も悲惨な失敗もうまく適切に説明している。本章の表題になっているマクシェーンの言葉では、ロナガンの業績は「適切でバランスのとれた経験主義性に対するさらに増加する敬意と注意、そしてその敬意の主題化」を明示していると見ることができる［マクシェーン 一九八〇・19］。作用している基本的戦略は、経験主義的合理性の充当で、それを知る者が問い、判断の基礎を自らの知性のうちに発見するということである。つまり現代の数学、自然科学、哲学に自ら関わることが、高められた内省を通して現代の世界にある知性の把握と、そう知ることとの適切さを構成するものの把握の仲介に必要である。結果として生じる姿勢が仲介すると期待されるのは、増大する真正の不可知論である。われわれが責任ある行いを可能にするため知る必要のあることを実際どれほど知らないかをはっきり認識するなら、それは非常に貴重な達成であろう。しかしそれが分かるのは、われわれを現在の状態にたどりつかせた進歩と見落としを苦悩のうちに理解した者たちだけである。

現代性の攻勢の中で肯定的なのは、適切でバランスのとれた経験主義に向かう動きだった。そのことを受け入れつつ、私は十九世紀の諸人間科学の扱い方において特に明らかだった不適切な経験主義が、今日もまだ存在する問題を引き起こした様子を中心に検討していきたい。

構造の真理

私は文化の中心性に最初からこだわり、上記に至ってバーナード・ロナガンの著作が人間主体の真正さに焦点を合わせながら、現代性理解の最良の枠組みを提供していることを提示したが、一般に容認されている科学と哲学の英知を意識的に無視してきた。十九、二十世紀から継承するものの中には、自由とは幻想だと言えるほど社会的・経済的・心理的「法則」が広く機能しているのかという懸念がある。そして社会的決定要素は歴史に対する責任をすべて排除するほど全面的に浸透していないとしても、社会と歴史が示すのは個人の心の産物ではない構造や傾向や弁証法という疑う余地のない証拠である。[個人の]心から起こる行いで歴史が構成されると考えることはどうして可能なのか。それも心さえ社会的に、そして間主観的に、誰も創出しなかった構造に従って働いているように見える時に。

過去の二つの世紀で発見された圧倒的な真理は、個人の実践的知性の行使が次のもので形成されているということである。その個人がある社会集団の一市民として共有する経験の社会的・歴史的題材。社会的に学んだ意味や技術で、知性の習慣的働きの道具や期待となるもの。社会化した生活様式と連動する感情や欲求のパターン。過去に発見された理論で微妙にほとんど気づかないように使用された理論で、今日の知的活動の包括的ベクトルとして機能しているもの。そして、この社会化プロセスによって行使される、継承した文化を安定不変の永続化へと仕向ける克服できないくらいの圧力、である［メルチン 一九八五・27］。

以前の時代ではそうした決定要因の観点から自由を幻想的と見ていた。現在の傾向では、ある程度の自由は残るかもしれないが、そうした決定要因の条件付け機能は歴史、社会、人間責任の適切な説明のための出発点にならなければならない。ロナガンの実践的知性の説明は、主体の知性・理性・責任の行使に集中しながら、現在の傾向からすれば誤って焦点を合わせたように見える。

この問題は、先述の第一章の文化の中心性についての議論で説明し、第二章のラクラウとウォーラーステイン論争の文脈で再出した。この問題の適切な解決には多くの洞察が関わる。基本的なものは、一般化の世界観である出現の蓋然性（emergent probability）、つまり、ロナガンが著書『閃き（Insight）』の最初の五章で展開した期待の発見的構造である。出現の蓋然性（emergent probability）の観点でわれわれの進化する世界の理解可能性を把握することは、ロナガンの最大の貢献の一つと見なされるまでにはなっていないかもしれない。世界プロセスは古典的法則と、ばらばら、あるいは同時発生の出来事や法則の相互作用する組み合わせの双方の特徴を提示するため、ロナガンは二つの発見的構造をまとめたが、それは出来事や関係の体系的に反復する組み合わせが出現して残存するために必要な環境条件（環境条件それ自体が統計的蓋然性に従って遂行されている）から、そのような出来事や関係の組み合わせを区別することでまとめている。上記に引用した著作でメルチンは、彼にとって出現の蓋然性（emergent probability）の最も印象的な側面とは、無作為性の現存を新しい存在が世界プロセスの場面に出現する条件としてどのように理解できるか説明できることと指摘する。そうした複雑なトピックに簡潔に言及しても物事の解明にほとんどならないのを私はよく理解している。大事なのは、宇宙のその力学的還元主義的モデルだけが科学的に時代遅れなのではなく、いのちの高度な出現形態とそれを条件付ける環境との関係を理解するための発見的モデルがすでに存在することを強調することである。この観点から、世界プロセスの説明は、出来事の反復を支配するより高い次元の統合者の現存に応じた説明レベルの区別を含む。そうでなければ非体系的に反復するプロセスが多数同時発生することになる〔メルチン 一九八五・11参照〕。

メルチンの前述の引用で記述された主体の社会化は、実践的理解度の蓋然的出現構造に取って代わることはない。諸社会の否定できないパターン化効果はその傾向を形成することで発揮され、統合行為の様式、すなわち、これから生起する閃きの起こりうる連続を用意するという統合行為の様式で波及する。しかしそれは依然として創造的な閃きの問題である。主体の社会化についてのデータは人間の自由を損ねない。ただ自由が機能する枠組みをわれわれに備える。しかし、これは本質的自由と実際に機能する自由との違いという形における、さらなる閃きの必要を発生させる。

論点の中心にあるのは、社会、歴史、文化、経済の構成要素が、意味のある行為であること、つまり神経多様体の人間主体において、またその人間主体の、認識的に出現を統合することである。意味のある行い、ならびにその行いと相関関係にある客体は、より高次にある理解の統合機能と乖離《かいり》して存在するのではない。歴史的決定要因は実践知性の行使を具体化する一方で、社会を人々、および社会化した意味や技術にとりなす循環図式間の低次レベルの体系化されたつながりとしては機能しない。自由とは、なんら決定の存在しないところにおいてのみ発見されるような、制限からの自由として構想されるものではない。本質的自由は、ある人の行為の流れが認識的出現の様式に従って構築されうるという事実にある。そしてその構築とは、親の手本に応じる子どもの場合であってさえ常に自己構築である。そうしたパターン化の結果、子どもが認識して仲介された統合に関連する蓋然性が、「期待の発見構造である」出現の蓋然性（a probability of emergence）に転換する。

こうしてロナガンの実践知性の扱いは、主体の認識的な仲介行為に集中しつつ、われわれの引用で言及した圧倒的真理の意味理解を可能にする。それはまさに社会化された意味の反復と関連する蓋然性が高いので、文化プロジェクトはそれぞれの新世代とともにゼロから始める必要がない。先代が労苦して達成したことをしばしば後継者たちは苦も無く得ることになる。しかし気がかりなほど明確なのは、主体の神経多様体に内在する緊急性は大部分、本人の家族や階級、職業や友人仲間のメンバーの動作や応答に潜在的にある意味のパターンで形成されることだ。この世で誰と一緒にいるかが意義あるとされること、つまり意識を残念ながら決定する。マルクスが若い日に『ドイツ観念論』に走り書きしたように、意識とは何かを意識することだ。そしてわれわれが常に意識するものの大事な部分は、われわれの社会的世界での「重要な他者」にとって何であれ重要なことである。これは集団のもつ先入観の問題で、階級意識という慣れ親しんだ題目のもとで以下に分析する。

そこでの問題は「社会的条件付けがあるから自由がない」か「条件付けがないから自由がある」のどちらかではない。本質的自由は、自己を構成する活動が環境的・歴史的条件の形成するかなり狭い範囲内でたいてい機能するという事実と矛盾しない。

区別のためのもう一つの条件、有効な自由はどうだろう。ここでの焦点は、ロナガンが「回心」の題目のもと、ますます言及するようになった実践知性のその側面である。ロナガンの用語理解では、閃きの生起はどれも回心の一つの形で、統合パターンで人を把握し、問いに関する経験の多様性の関連要素を「暗黙のうちに定義する」。神経多様体の認識統合の一回一回は、多かれ少なかれ心理的感情状態における人間主体全体の劇的な構造化ないし再構造化である。われわれは、理解可能な内容に目下対処するなど、たいしたことのない効果にだけ注意を向ける傾向がある。

そして主体の心理状態をその環境と一緒に全体的に再構造化するという一連の知的仲介行為の大事な効果を見逃しがちである。

行為は主体による変化だけではない。主体における変化、主体の変化でもある。主体の「外的」環境においての変化、その環境の変化でもある。それは「内」と「外」の主体環境間を循環する仕組みの素材を生む。結果的に「外」から「内」への再調停は、もう一つの主体における変化、主体の変化を起こす。その変化の形は、主体の行為の構造だけでなく、その行為の宇宙との出会いに由来する絶え間ない修正や変容によって形成される［メルチン 一九八五・17］。

実践知性のダイナミクスを次々明らかにすることは、それゆえ弁証法的と見なされる。経験の多様性に内在する緊急要件がそこにあり、もう一つの極には、現在機能している主体の知的予想と知的欲求がある。知的統合的対応の方策を獲得しようとして、主体の知的に仲介された感情の幾らかの変容と、主体が応えていく歴史的世界での一組の変化が続く。後者の変化一組によって、主体の変容した感受性に対する新たな挑戦を起こす。統合集約する試みと、結果的に増す不安定性の間の動きが、弁証法的に働いて連続するが、それにより主体を変容（回心）の持続パターンに投入することになる。

（問題が生起するのは、もっとも知性的行為に起こる回心と、回心という言葉を通常当てはめないような人々の変容との関係においてである。その違いは出来事の構造に見つけるものでなく、生起の蓋然性の異なる度合いにおいて見つけられる。言いかえれば、マスターすることが非常に容易に達成できる分野のスキルというものがあり、人間の歴史の変容に関わる大事な回心の出来事がある。それが大事と言えるのはまさに、人間の経験が関わる分野がマスター困難な分野だからである）。

さらに、そのような変容する生き方から生ずる行為は、社会的、歴史的に機能すると理解されなければならない。共同体での実践の傾向を構成し、社会を通して非組織的に波紋を起こす。有効な自由の範囲は、環境的背景が広がれば広がるだけスキルの養成とともに拡大しうる。その社会の結果的変容は三つの異なるあり方で起こる。①ある人の意図された効果を達成することで系統的に起こる。②ある人のイニシアチブが社会的・政治的出来事と無作為に相互作用することで非系統的に起こる。③主体がまったく理解しない、広範に機能する共同体的、経済的、社会的、歴史的構造に従って、系統的だが意図的でなく起こる［メルチン 30－32参照］。

しかし上記の説明は、人間の意味ある行為が社会的歴史的条件を決定する制約と実際に両立することを分からせてくれるかもしれないが、個人の責任ある行為は、歴史を人間味あるものにするという説明の焦点になるとする主張を正当化するだろうか。人間の意味行為の序列をつけた結果は歴史上に残るが、誰にも機能パターンが理解されずに、幾時代も通して機能してきたという広範な構造の存在もある。

ここでの誘惑は、構造全体を理解する者が誰もないなら、その機能は意識する主体と関わりなく進行するに違いないと考えることだ。そのような見過ごし方は自動的進歩や歴史の弁証法に対するユートピア的希望をもっともらしくしてしまうことになる。だが誰も構造全体を十分理解することもそうした理解を意図することも必要ない。構造がその存在に対する人間の意味行為に依存する必要もない。反復するパターンの系統化を成就《じょうじゅ》する条件は、共通する計画における二つの主体を結び付ける相互関係というつながりがあればよい。計画が展開するたびに迎える実際の成功と見返りは、その計画を続行させるのに十分で、そのような続行は構造の核となる。

このように歴史理解での意味行為の優位性を論ずる上で、意図するところは構造の現実を軽視するのでなく、さらに創造的歴史行為を前進させる体系的洞察の重要性を否定することでもない。第二章の議論に立ち戻ると、ラクラウとウォーラーステインは二人とも関連の事実に触れているが、互いの立場はよく理解していない。それぞれが自分の立場は他方の立場を除外すると見なしている。二人ともテーマにしていないのは、人間行為と結果として生ずるシステムの関係である。

回心は社会的変容の行為であることを理解できないため、教会指導者たちが心の回心を訴えることも社会的反動に見えるように、体制的決定に気を取られた者たちも「社会変革」の幻想に浸ることになり、人間味ある試みという名目で人口の大部分の排除を正当化するまでになることがある。自由に意識する行為ではなく、構造が歴史を決定すると信じる者たちは、人々にとって善であると考えることのために人々を操作しがちなのは理解できることだ。

階級構造の真実としての集団偏見

先述のコメントの話に戻ると、社会化機能の完全な意義が分かるのは、必要な現存である他者が、実践知性の働きのうちにもう一つの「二重の」弁証法を発生させると気づく時だけである。他者の現存は、大きく作用する確かな原則として機能し、その蓋然性を、ある特定の社会的文化的実践が現在機能する傾向の蓋然性へとシフトさせる。常に二つの弁証法的活動が進行中である。それは目前の経験的多様体の内在的要求への私の応えと、私の家族、職業・交友関係の面々の生き方に暗示される意味のパターンへの私の応えである。

この二番目の弁証法的動きに関わる圧力を過小評価することは誤りであろう。この問題は自己の受容か拒否の問題であることが一般に見逃されている。われわれは自分の選択や判断で自分自身を作り上げる。意味行為の内容は本質的に自己決定的であるから、もう一人の意味を肯定することは、その人の自己決定という行為に参与することになる。反対に、自分の意味を拒否ないし誤解することは、自分の自己決定活動の固有の価値を疑うことになる。われわれは皆、お互いの自己決定のつながりに関わっている。

われわれが肯定を求めるのは、自分の自己決定活動の価値についての賛同を必要とするからである。そのような賛同を得ることがかなわないと悲観する場合、不可避の選択に迫られる。相手を正当な主体でないとして拒否するか、または相手の解釈に降参し、それによって知的な責任ある主体としての自分自身の能力に対する信頼を幾分失う。時にはさらに徹底的にわれわれは相互性そのものに向かう衝動を否定しようとするが、この否定を選択的に行う場合が多い。すなわち、人々をグループ分けして、そのうち一つのグループのみについて、知的にとりなされる統一に向かう努力に値すると見なすのである。

意味を共有するレベルと、承認を共有する根本的で強力な相互性の双方において主体を結ぶのは、集団における行為の社会化された様式の反復を体系化するつながりである。したがって、社会的歴史的に機能する実践知性の二重の弁証法は、二つの目標、つまり二つの意図的条件に向かうと見ることができる。それは善に向かう行為のプログラムを出現させ、検証し、作動させること、および、相互行為と相互ケアにおける二つの主体の統一である。この相互性の目標が力強く機能して、実践知性の規範と緊急事態を乗り越えるなら、そこにロナガンの「集団偏見 group bias」と呼ぶものが起こる「メルチン 一九八五・24　傍点筆者」。

マルクスが生産関係の観点から社会階級を物質的根拠に関連づけたことは、上記説明の非決定論的様式で確認される。集団の意味との賛同に服従することが、現実を正しく理解する要求に不可欠な注意力に優先するなら、集団偏見の強化に携わることになる。しかし回心は、いつでも可能である。福音の観点からすれば、われわれは年長者たちから教わった真理と価値に注意を払うことができる。年長者たちが実際に生きる中でなすことに注意を向けるのではない。

経済構造の真理

前章では不適切な経験主義の下での経済学の出現について簡単に述べた。ここでも再度述べるが、誤りだったのは構造的洞察の探求ではなく、構造的洞察を社会倫理に関連づけることができないことだった。経済学を人間行為が構成する分野研究であると正しく「位置づけ」できないことであった。最近、「チャールズ・K・」ウィルバーと「ケネス・P・」ジェームソンは経済学の貧困についての調査と称するものを行った。彼らはこの貧困を、主流経済学の非歴史的抽象的分析、および人間の本質と制度についての吟味されていない想定の中に見いだしている。自由放任主義経済派とケインズ派双方の推進者が科学とする理論に反して、それぞれのアプローチは、もはや存在しない特定の歴史的状況への対応であると同時に一つの社会哲学である。いずれの立場も本当は依存する根拠がないことが問題なく示されている。ミルトン・フリードマン学派は、真に実証主義的様式において予測可能性に依存するが、近年は成功した予測がほとんどない。社会状況を無視した、空疎で非歴史的なレトリックが新保守主義（ネオコン）経済理論の本当の基盤を構成する。そこで彼らはフリードマンを引用して、「われわれの各々の価値観は共有されるが、個々の価値観を考慮して、一人一人によって個別に計画され、自由な市場での自主的交換によって調整される」ことに賛同しているかのように述べる。そういう著者たちが指摘するのは、フリードマンにとっては、彼の先人アダム・スミスのように、ただ「ロックフェラーのような富豪も多国籍企業も、帝国主義、環境破壊もなく、生産と交換に従事する小規模な買い手と売り手が多数いて、自分たちの自由と経済的繁栄を最大にしようとしている。政府がその適正な仕事に対処するようにさせるだけで、すべて良しなのだ。そういう世界の見通しは美しいだろうが、それは一つの見通しであり、つまり……われわれがその中で活動しなければならない現実とは相いれない見通しである」〔一九八三・81〕。

この著者たちが詳細に探り出すのは、市場が従来行使していたはずの支配力から寡占企業が自らを防護可能にする方法である。それまでインフレーションの解決は、需要減退が価格下落を引き起こす市場の働きにあると考えられていた。寡占企業はその製品価格を引き上げることで、低下した市場需要に対応する。価格競争しない大企業が支配するので、景気後退が失業をもたらすだけでなく、価格上昇つまり彼らの言うところのスタグフレーションが起こる。この背後にある論理は、マークアップ価格設定システムの論理である。このシステムでは、直接経費を計算、利益要求を加え、その上に投資計画が加味される。この第三の要素こそ売上収益の最適な成長を確実にするために設定されている。その投資計画はさらなる成長のための投資資金を準備し、企業は設備投資資金をそのような内部留保に頼るという主張によって正当化される。一九八〇年に企業の内部留保は三三三〇億ドルあったが、個人預貯金はそれよりはるかに少ない一〇四〇億ドルだった。

この著者たちの主張では、自由主義市場経済は「歴史的に例外的状況だった。何か不自然なことがあると言うなら、それは市場が自己統御する自由主義経済システムである」[166]と言う。自然だったこと、自然であり続けることは、社会生活という全体的システムの中に経済を組み入れる方法としての、社会による経済の支配である。売り出し中の新人理論家たちは人間と制度のなおざりにされた現実に注意を集中させて、ポスト・ケインズ制度学派と呼ばれる。彼らは科学技術、権力分配、社会制度発展における体系的関係、対立、変化に焦点を絞る。著者たちは自身の仕事も含め、以下のように要約する。

これらポスト・ケインズ制度学派（ＰＫＩ Post-Keynesian Institutionalists）の特

徴――総体的、体系的、漸進的――が、権力と対立の中心性を理解し、非合理な人間行動の重要性を認識することで、ＰＫＩを標準的な経済学から区別している[155]。

彼らの結論では、経済危機は免れがたく道徳的危機の一つであるとする。新しい社会的コンセンサスを創造することだけが、その危機に対応できるのである。基本的なことを言えば、社会倫理から切り離された経済学は常に不適切な経済学である。主流経済理論の不適切さは、社会正義というより大きな問題を避ける傾向と無関係ではない。

しかし社会正義の論点から逃げることだけが主流経済学の問題ではない。経済プロセス分析が適切かどうかという疑問があり、適切な分析の無視は、倫理的関心があっても埋め合わせられない。その一方で、適切な分析があっても、経済システムが有益な働きをすることを保証しない。その保証があると考えることは、経済学に対する十九世紀の還元主義的信仰の哀れな遺産である。その信仰は、経済学が正しい科学であることによって商品を間違いなく届けるのであって、モラルや価値観の合意であるとか、人間の品位や賢明な行為への信頼などのようなあいまいな「非科学的」分野と関与しないとするのである。だが、適切な分析は、商品やサービスの流通プロセスを駄目にする不正に対して、われわれが健全な道徳的判断をすることを可能にする。ある時ロナガンが葉書に書いたコメントのように、経済的道徳の基盤は、家族を扶養するに足る賃金という見方でなく、適切な経済分析において見つけるものである［マックシェーン 一九八〇・133］。生産プロセスの要求についての科学的知識に根ざしたコンセンサスがある場合にのみ、創造的に前進することが可能になる。現在そのようなコンセンサスはない。これを解説するため議論の流れをいったん中断する。

多国籍企業の世界的展開は、バーネットとミュラーの長期研究の題材を用意した［一九七四］。それは多国籍企業の目標を論ずることで始まる。多国籍企業にのみ世界を動かす対処能力があるから、そうすることを提案しているという。著者たちは、そこで多国籍企業が後進国側にもたらす影響を問題にする。影響がない場合と比べても、さらに後進諸国は絶望的に貧しくされるということである。最後に著者たちは多国籍企業がそのホームグラウンドである米国で何をしているかを問題にする。大部分は米国企業だからである。多国籍企業は後進諸国に対応するのと基本的に同じ方法で米国にも対応する。長期的に見れば影響も基本的に同じである。そのように多国籍企業が世界中に災難を生み出していると言うなら、なぜそれが許されているのか。

問題は、多国籍企業に実際何も新しいところがないことである。その狙いは利益最大化だが、それは重商主義革命・産業革命・財政革命がわれわれ人間の事柄を完全に、徹底的に支配するようになって以来、ずっと経済活動が目的とするところだ。利益を生まなければ破産しかない。利益を最大化しないなら非効率でしかない（そこではもちろん、非効率の定義は利益最大化できないことである）。多国籍企業のする唯一のことは利益最大化で、それはある町や都市とか、ある地方や国でのことではなく、世界規模である。労働と原材料を最低価格の国で購入する。その企業信用力は申し分ないので、必要なだけの資金を、それを生み出すことのできるどの銀行や金融市場からでも得ることができる。そのマーケティング機能は世界中に広がる販売ネットワークで、それに対抗する企業は、まず自らの世界ネットワークを構築しなければならない。多国籍企業は順調に業績を伸ばしている。どんどん成長拡大している。漸次的だが確実にわれわれの科学技術と経済、社会と文化、さらに理想と実践を何世紀にもわたって形成してきた原則そのものの上に築かれている。長きにわたって受容されている原則が不適切なままだ。そうした原則は根本的な見過ごしによって劣ったものになっている［ロナガン 一九八五・102－103］。

長期の下降サイクル。ロナガンがここで注目するのは、集団偏見だけから現代のわれわれの病理を解釈することの明らかな不適切さだ。基本的・一般的偏見があり、それに対処できないことが現在の最深部の問題を持続させている。集団偏見は、権力への固執がなんらかの形で発展や進歩の阻害手段を支えるような集団エゴによって生まれている。それに対して一般的偏見は、一般常識の尊大で錯誤的な全能感に由来し、「もはや機能しないやり方にこだわり、物事をなす唯一の方法はなんとか切り抜けることであると確信している。そして行うべきことを合理的に説明しようとすれば、無意味な理論や空虚な言い回しとして拒絶する」という［ロナガン一九八五・105、以下も参照一九五七・191－206、218－242］。

こうしたはっきり異なる種類の偏見に対応して、ロナガンは長期の下降サイクルと短期の下降サイクルに対する理解を、進歩と衰退の弁証法のうちに発展させる。進歩について、ロナガンは十八世紀の神話にも弁証法的唯物論にも触れず、ただ循環し蓄積するプロセスに言及するが、そこではある状況が閃きを生じさせ、その閃きが政策、事業、計画、行為の道筋を生み出す。行為の道筋は新しい改善状況を引き起こし、さらなる閃きと、それに続く循環サイクルの更新を発生させる。衰退はその正反対の蓄積サイクルである。このときの閃きと、そこから生まれる政策や計画は、既得権益やその他の本物ではない人間のあり方に逆らうのである。結果として本物であることの要求と、人間の愚鈍や無責任からくる要求との間での妥協となる。増大する問題に直面せずに急激な合理化が導かれ、さらに現代の知恵とまで皆から褒めそやされる超複雑系合理化システムへとつながる。事態が悪化し、崩壊しそうになると、ただ実践的、効果的であれと主張する非道徳主義が出現する。ある主要論文で、フレッド・ローレンスは、マキャベリの『君主論』から次の不吉な箇所を引用している。

……多くの人は現実に見たこともなく存在も知らない共和国や公国を想像してみたことがある。どう生きるかは、どのように生きるべきかということからかけ離れているので、なされるべきことのためになされたことを放棄する者は、自己の保持より自身の破壊をもたらすことになる。あらゆることで善良を商売にしたい者は、たくさんの善良でない者の中にあって必ず悲しみに暮れることになる。それゆえに自分の立場を維持しようとする君主は、いかに善良でなくいられるか学ぶ必要がある。そしてその場合の必要にしたがってこの知識をどう用いるか、どう用いないか学ぶ必要がある。

この箇所にコメントするローレンスが問いかけるのは、われわれの政治理論全体が、ホッブス、ロック、スミスの流れと、ルソーからカント、ヘーゲル、マルクスのもう一つの流れを通っているが、マキャベリのこの選択に根ざすことを知るのは衝撃ではないかということだ〔一九七八・239–240〕。本書の前章二つは、長期の下降サイクルへのわれわれの関与を概説する試みだったことが、この段階で明確になっていると思う。

経済構造の真実についての考察を再開するために、ロナガンはその生産的な人生の中で『循環分析についての小論』に何回も戻って、原稿の改定を一九四四、一九七八、一九八〇、一九八二の各年に行っている。原稿は未完、未発表のままで、まだ経済学者たちには精査されていない。入手したテキスト（一九八二年版）の私の限られた理解からでも明らかなのは、ロナガンの明らかにした構造的真実に、長期下降サイクルの特徴である蓄積のための競争という情熱とはまったく反する意味合いがあることである。構造説明の重要性をロナガンは草稿の早い版からの類推で表している。

自動車構造研究が運転手批判の前提につながるのは、運転手とは別に、自動車自体に運転手が尊重しなければならない法則があるからである。だが、もし自動車構造研究が運転手の人間研究をも含むなら、批判は場当たり的なものにすぎなくなる。

ロナガンの著作が明らかにするのは、生産プロセスの本質的循環性である。これを上昇、下降のある、おなじみの景気循環と混同しないよう彼は読者に注意する。景気循環は、それ自体がまったく前進的な動きである、純粋に循環する需要に人間が順応しないために起こる。ロナガンはこの非順応性を貪欲の問題というより、無知の問題としている。彼は経済学の真理に関する教育の政治的意味合いを敏感に認識している。

……一時しのぎの後には、また一時しのぎしかないように、民主主義的経済と全体主義的経済の区別をするのは、ますます困難になる。

しかし経済学者たちは独裁者か計画委員会のための顧問になれるくらい民主主義の推進者にもなれる。その可能性は歴史の事実が証明する。古い政治経済学者たちは民主主義の推進者だった。彼らの思想の内容が不適切と分かっても、その民主主義的形式は現在も変わらず有効である。その形式は経済メカニズムの発見にあり、経済の仕組みを利用する上で人々を導く法則を推論するところにあった。それは政府にとっては自由主義経済の法則で、個人にとっては倹約と事業の法則だった。現在明らかなのは、こうした法則が目的にかなうのは特定の場合のみだが、新しい、より満足できる法則が考案されなければならないということはまだ不十分にしか理解されていない。そうした法則がなければ人間の自由は滅びる。人間は経済の仕組みを利用する上で自分たち個人個人を導く法則を習得するか、でなければ自由を明け渡して、経済の仕組みとともに中央計画委員会のようなところの支配を受けるのである。

そのジレンマの現実は、価格設定制度からかけはなれた、ある意味でその制度より根本的な経済メカニズムの法則を形成しようとする取り組み（それがどれほど取るに足りない不完全なものでも）の重要性を評価する。そのジレンマが現実であることに今やほとんど異論はない。自然に機能する経済というリベラルの夢は、すべての夢と同じく、ついに砕けてしまったからだ。合理的制御の必要性は問題ではなくなり、問題はその制御が働く場所である。それは上から下への絶対主義的制御か。下から上への民主主義的なものか。単純に言えば、経済学は為政者への助言でなく、民衆にうまい言い訳を述べる場合にのみ民主的になれる。官僚の力を増大させる策や計画でなく、人間個人の生き方に当てはまる普遍的法則を告げるのに成功する場合のみ民主的である。それゆえ自然な進歩というリベラルの夢を壊すことは、古い政治経済学者たちの判断の改定を引き起こす。そういう学者たちの偉大さは無意識的［経済］行為に対して道徳を超えた専心を助長するのでなく、経済学を発展させ、そこから適切な経済行為の普遍的前提を生んだことである。無意識的［経済］行為は朽ち果てた抜け殻のようなもので、それに執着するのは全体主義の深淵に落ち込むことである。古い科学と古い前提はプトレマイオスとニュートンの道筋をたどった。だが新しい科学と新しい前提の可能性を否定することは、民主主義の存続可能性を否定することであると私は信じる。

マルクスと長期の下降サイクル

カール・マルクスは彼の生きた時代でただ一人、資本主義の自然の成り行きに重なった現象として経済循環・経済危機を扱うことを拒否した。実際その時代、景気循環や不況に似た状態は偶然でないとした唯一の首尾一貫した理論構造は、マルクスの分析である。

長期の下降サイクルにわれわれが関与することの最も悲劇的側面は、無意識のうちに当然とするその価値観が、われわれの関わる悪と戦う最も創造的な試みを損なうことがあるということだ。使用価値に対するマルクスの解放的洞察は、彼が生産プロセスを絶対化することで弱められたと私はますます考えるようになっている。マルクスが労働を普遍的な価値基準として確立しようとする試みにおいて、社会的相互作用の価値は自然プロセスと解釈される労働になってしまった。彼の余剰価値理論は、商品の定量化可能な使用価値と、その商品の実際の使用プロセスとのマルクス自身による区別を混乱させる。そのためマルクス理論は、定量可能である労働力と、人間固有の活動としての労働との弁証法的内部関係を維持しない。人間固有活動である労働を定量可能労働力に弱めてしまうことで、マルクスは自分が批判しようとしたこと―資本主義における労働という商品の崇拝―を正当化する傾向になる。

マルクスに分かっていなかったのは、生産プロセスにそのような超越的価値を与えることで、資本主義で彼があれほど断固反対した経験主義的合理性の疎外そのものを急進化させたことだ。確かに、生産プロセスにおける人間の本質を位置づけ、人間の価値創造活動をマルクスの余剰価値理論の観点に置こうとする時、マルクスは生産プロセスそのものを十分理解できなかっただけでなく、最も非人道的な犠牲を解放の名の下に正当化してしまうイデオロギーを準備したのだった［ラム 一九七八・280］。

十九世紀の還元主義科学の避けがたい影響下でマルクスが考えたのは、生産手段の社会主義的占有は生産の余剰価値を、それを創った労働者に取り戻させ、それによってあらゆる疎外をなくすことだった。つまり労働の余剰価値の使用価値を労働者に返還することで、商品の物神崇拝の中での価値の具体化を排除することだった。

そのような還元主義科学の制限から解放されたマルクスの洞察力はより適切な表現が可能になる。基本的状況として再確認された人間の創造性の力は、進歩の原則が知性を発展させ、疎外と下降の原則の複雑さを明らかにする。それは、①個人と集団のエゴイズムおよび、②どこでも幅を利かせる一般常識の傲慢さで成り立っている。憎悪でなく、いのちの希望と愛だけが、病んでいる世界の創造的な癒やしを促進できる。回復の問題は単に「政治的」として還元的表現はできない。それは誰にでも解答を押し付けるという現代性の意味である。

……力への訴えはあきらめの勧告である。解決には決してならず、問題を解決不可能と見なす……。というのも常識の一般的偏見は、あらゆる人間の偏見であり、注目すべき程度でその偏見は、考えが感覚的欲望や恐怖で強められない限りは、無視できるという観念によることだ。力の行使は的外れであるということを誰に対しても確信させるために誰もが、誰に対しても力を行使するというのか［ロナガン 一九五七・632］。

短期と長期の両方の下降サイクル、つまり集団偏見と一般的偏見の根源が混同されると、短期サイクルの修正原則が問題のすべてを解決、(受け入れられていない)長期の下降サイクルも逆転が可能とすぐ想定されてしまう。全体主義的多国籍企業が、進歩や成長は自然に起きるものという無批判、自由で民主的な神話の自然な結果であるように、全体主義的な共産主義国も、階級対立が人間の思いや精神に影響する最深部の弁証法を解決できるとするのと同じように、無批判な虚構の自然な結果である。生きることとの活動の方向性を求める上で、われわれを達成へと導く探求の規範的要件に対して忠実であるか不忠実であるかの自然な結果である［ドーラン一九八一・220参照］。

短期の下降サイクルを逆転させようというマルクスの関心は、未来への創造的戦略の一部にならなければならない。それを統合できる方法は、次章で統合的価値基準の構築を試みる私の関心の一部となる。明確なのは、これまでなされた以上のことが被抑圧層の社会的実践レベルでなされる必要がある。もし彼らの一般的偏見が修正され、創造性の全体がわれわれの世界を癒やすために働くものとされるのであるなら。

第五章　歴史の発生の鼓動

「現代の政治とビジネスの支配構造において繁栄しているが、帝国や国家へと駆り立てる現代性の大いなる愚かさと悪意と絡み合っているのは、極小支配という偽の理論である。その偽理論は、歴史を発生させる鼓動から人間を除外してしまう実験と実行、考え方と生活様式、研究と気晴らし、農耕と食品加工のそれぞれの方法の契機となっている」。

［マックシェーン　一九八五・29－30］

［自然は］所有されることはない。より正確に言うなら、われわれがそれを所有しようとする方法によってその生気をなくすことも、精神性がなくなることもない。所有される時、それは消滅する。おそらく

所有することへの人間の熱狂や、所有されるものはそれ自身の精神を持ちえないという妄想はどこにもなく、われわれにはさらに有害である……。林や森を単に科学的、経済的、地形的または美学的に見ることは……この地球における他のあらゆる生命から外部空間へとわれわれが後退していく増大する速さを証しする……現在われわれが地球の森林・自然を破壊していることの精神的な必然の帰結がある。われわれが最も枯らせてしまい、剥奪するに違いないのは、われわれ自身である。

［ジョン・ファウルズ 一九八三］

長期の下降サイクルの様相の一つで民主的進歩派とマルクスの双方が共有するのは、工業化と自然に対するテクノロジー支配の拡大を通して際限なく膨張する物質的繁栄という見通しであった。しかし、迫りくる生態系崩壊の観点から言えば、主流経済理論を現代の最も破壊的な批判にさらすことになったのは――生産プロセスとその意味合いについての純粋に循環的な性質を発見できなかったことよりも――この点の見落としであった。それは単純に、現在の経済的思考が種の絶滅や遺伝子多様性の喪失を評価判断できないこと、有毒・放射性廃棄物の集積、森林破壊、土壌侵食の意味を理解できず、世界的気候変動の可能性（むしろそれは単発的な脳損傷の現れであるかのような科学的思考まがいで捉えられる）を把握しないことである。借りを記載しないままなのに「利益」などと言えるものが本当にありうるか考えなかったのを思い返すと異常なことで衝撃的である［ヘーゼル・ヘンダーソン 一九八四参照］。

生存のための緊急要請が、現金によるつながりを収縮させ、自給自足レベルの非市場関連・非経済的形態を増大させることは大いにありえるように思える。（このことは現代世界の多数の人々には、ほとんど違いをもたらさない。しかし例として、どれだけ多くのフィリピン農村人口が、経済学者からこれまで侮られてきた最低生活の形態を、ずっとしてきたか発見するだけで参考になるだろう）。

現金のつながりから漸進的に離れることに基づく必要生活レベルは、生存の条件になっているように見える。マイナスの成長がなければ、生態系バランスを保ち、地域間の正義を達成し、人々の平和を涵養することは、いずれも不可能である。そしてもちろん当該の政策は富裕国において貧困国よりずっと高い割合で実行されなければならない。おそらく誰もが望みうる最大限のことは、現在最貧国にとって典型的となるレベルで、世界の乏しい資源に対して平等にアクセスできることである［イリイチ 一九八二・17］。

この特定の予言がどの程度正確なものになりうるか分からないが、削減の提案は、人生の成功と意味が物質の蓄積と同一視される長期の下降サイクルとの関わりが生み出す文化的期待を侵害することになるのは明瞭だ。イリイチ自身は必要とされる文化的変化の非道さについて幻想をもたない。彼は「庶民の回復」のもとに、この変化を位置づける。

乏しい生産資源と、不備のある配給食糧との区別が冷静に、法的にも分からないなら、来たるべき安定した国家社会は、生態学者たちに支配される、少数独裁で非民主的、権威主義的な専門家政治となる［一九八二・19］。

この予測はかなり蓋然《がいぜん》性があると私は見る。唯一の前進できる創造的方法は、人々が必要な変化を喪失としてではなく、好ましいものとして評価するようになることである。その点に到達するには二つの違う段階がある。第一に、不可欠な人間の善の構造について、これまでより、さらに一貫した理解をする世代である。第二は、その構造に属するあらゆることの把握・肯定をわれわれに可能にする精神の転向である。

＊　＊　＊

価値の統合的基準

まず『神学の方法』の暗示的な段落から議論を始めることができるだろう。

［われわれは］生命に関わる価値、社会的・文化的・個人的・宗教的価値に小さ

い順で気づくのかもしれない。健康や体力、優しさや活力などの生命に関わる価値は、それらの獲得・維持・回復に関わる仕事・欠乏・苦痛を避けることより通常優先される。共同体全体の生命に関する価値を条件付ける秩序の善などの社会的価値は、共同体の個人構成員の生命に関わる価値に優先されなければならない。文化的価値は生命に関わる価値と社会的価値の支えがなければ存在しないが、それにもかかわらず、その価値はより高い。人はパンのみにて生くるにあらず。ただ生きて活動するその上に、人は自分の生きること、活動することに意味と価値を見いださなければならない。そのような意味と価値の発見、表現、認証、批判、修正、展開、改善をするのが文化の機能である。個人的価値は自己を超越する、愛し愛されるものとしての人格、自分自身とその周囲における価値の創始者としての人格、他者が同じように行うことを鼓舞し、招くものとなる人格である。最後に、宗教的価値は人間の生き方と人間の世界の意味および価値の中心にある……〔一九七二・31－32〕。

これにより五段階の価値の階層組織が発生する。そうした各層を抱える構図とその関係の詳細説明がなければ、キリスト教にとって世界の贖《あがな》いと癒やしを宣言することが何を意味するか示すのは不可能であろうし、さらにキリスト者にとって自分たちの生を、世界のいのちのために有効に生き抜くことは不可能になるだろう。

しかしすでに示唆したことだが、われわれ自身について思考するための唯一の適切な、価値判断の現在の基準枠は、出現する宇宙の物語全体、いわゆるビッグ・ピクチャー（世界全体）、ないしはトム・ベリーが「新しい物語」と呼ぶところのものにほかならない。それはわれわれが自身の起源のプロセス全体を説明することのできる最初の人間であるという意味で新しいのである。それはどんな方法であろうと完全な説明というわけではないが、驚きと畏《おそ》れでわれわれに息をのませるのに十分であり、必要な注意を払うならば、われわれを未来へと導くのに十分なものである。

ビッグ・ピクチャーの見地では、あと幾つかの価値レベルを加える必要がある。アリストテレスは喜んで人間の（生物学の）属や種による抽象的定義をしたが、現代の定義は具体的なものになるだろう。人間の出現とともに、「構想内の六段階の物事は実際に連続するものの一部になる」〔マックシェーン 一九八〇・187〕ことを認めるだろう。現代の定義はf（Pi、cj、bk、zl、um、rn）のようになる。最初の四つはそれぞれ物理的、化学的、植物学的、動物学的レベルで、各変数は一つのレベルでの同時発生行為に言及する範囲とともに結合した形のレベルを示す。その同時行為は常に一つ上のレベルに関連づけられる。例えばcjで、jは染色体、筋肉、脳繊維に発生する化合物分子を含有する周期表の範囲に及ぶ。マックシェーンはこのモデルを一九七一年から提案していると私は記憶するが、彼はこの六段階の階層の理解のみが、閉所恐怖症、化学療法、バイオリズム、渇き、神経症、閃き、静穏、神秘のような多様な現象の意味の理解をわれわれに可能にすると言うのだ。ともかくわれわれは九段階の価値基準が人間の不可欠の善に属することを受け入れなければ、満足に活動することを望めないのである。この点さらに注意深く見る価値がある。

レベル1　われわれ自身と物理レベルで一つである宇宙全体について思考する

基礎は、現在の世紀（二十世紀）において真に、十分に築かれた。真に喜ばしい普及の中には認識論的混乱［例としてズーカフ 一九八〇］以上の関与もあるが、これは予想どおりのことである。それは物理学者自身が、粒子と名付けられたものの一団である研究主題の一貫性を探求する中で、マックシェーンの言う「微妙にユークリッドの想像力のわなにかかっている」ためである［混乱を通過する導きにはヒーラン一九六五参照］。この物理での革命に追いつくためには、生物および人間科学に従事する者たちは、ただ機械論的・還元主義的アプローチを超えて、全体論的・生態学的見解を展開しなければならないだろう。これを行うにはニュー・フィジックス理論と呼ばれるところと一致していなければならない。すなわち彼らの研究分野で見いだせる理解可能性の少なくとも最も基礎的レベルにふさわしい適切さのレベルで機能するということである。［カプラ 一九八二・49 ff参照］。

ニューストーリーのレベル、つまりわれわれの物語としての物理では、宇宙の出現と存続の条件についての極端な繊細さ――ミリセカンド、千分の一秒の単位――に注意を払う必要がある。宇宙の出現の蓋然性を把握することは、プロセスの熱望される最終状態で明らかになる内在の摂理を経験することである。あるいは少なくとも、内在の摂理を経験し始めるのである。なぜならわれわれは物理の物語を原初の瞬間を超えて、われわれは誰であるのかを理解しようと苦闘する現在の瞬間までもっていく必要があるからだ。次にあるスウィムからの引用では、感じること、考えること、希望することは身体の神経症的プロセスの精神的な現れ、つまり人間の経験との物理的関係にある神経系を通る電気の流れが精神的に現れるものと見なされる。

……物理の視点から……異なるイオンの流れは質的に異なる経験をもたらすことになる。また、同様に真実であるのは、質的に異なる状態は神経系においてイオンの異なる活動として現れることである。私が問いたいのは、ただ次のことだ。イオンの動きを可能にさせるものは何か。もしくは人は何によって思考が可能になるのか。考え、感じ、不思議に思うのは、どんな力によるものなのか。イオンは自らの力では動かない……綿密な調査で分かるのは、脳内でエネルギーを十分もった分子がイオンを動かすということだ。さらに綿密に調べると、この分子は人の食べる食物から得たエネルギーによってイオンを動き回らせているのが分かる。食物はそのエネルギーを太陽から得ている。食物は光の粒子（光子《こうし》）を網状の分子ネットットで捕らえ、この光子エネルギーは人間の脳内でイオンを押したり引いたりして、今の、驚くべき人間の主観性の瞬間を可能にする。現在のこの瞬間、人が太陽から得たエネルギーを組織するその方法によってイオンはこっちに行ったりあっちに流れたりする。

しかしまだそれで終わっていない。光子はどこから来たのか。われわれは太陽の中核での原子核融合によって、太陽の光子が放射されるプロセスにおいて、水素原子からヘリウム原子が作られることを知っている。それでは、光子が水素原子に由来すると言うなら、水素はその光子をどこで得るのか。そこでわれわれは太古の火の球の出発点まで、創造そのものの瞬間に考えを及ぼすことになる。

太古の火の球は、光の膨大で勢いのある噴出で、最初は高潮にもまれる樹皮の小片であるかのように力強く素粒子を運ぶ。しかし火の球は拡大し続けるうち、その光は鎮められ……そのエネルギーレベルは水素原子集団内の電子や陽子に捕まるところまで減退する。水素原子は火の球のエネルギーとともに激しく動き、このエネルギーをまったく放棄したがらない集団の中で調和あるエネルギーの嵐はまとまっている。しかし星の中核では、水素原子は光子の形でそのエネルギーを放出させられる。そしてこの時の始まりからの光子シャワーが人間の思考に力を与える［一九八五・168―169］。

であるから時の始まりからの火は現在もわれわれにパワーを与える。われわれは宇宙の火なのだ。われわれは意識をもつに至った宇宙であり、われわれがそれによって生きるところの精神のエネルギーは宇宙全体のエネルギーにほかならない。

レベル2　星の核には、鉄に至るまでの周期表元素のすべてが含まれている。その核が十分大きいなら、星そのものを粉々に吹き飛ばすまでになり、爆発によって他の元素すべてを創り、宇宙空間へと送り出す。もろもろの鉱物形態と生命体は超新星の爆発によって創出される。曲線状の宇宙をもたらす引力は星に強烈な創造性を起こし、星の崩壊で、われわれの地球がそこに住むあらゆる生命とともに実現した。人間の骨にあるリンと人間のうちにあるすべての元素は、「溶岩より百万倍熱い温度で鍛造され、その一つ一つの構成原子は星の猛烈な暑さの中で創り出されている」。……「グリーンランドの片麻岩［変成岩の一種］は結晶形成において、地球がちょうど溶融状態を脱しつつあった四十億年前の地球の物語を捕えている。それぞれの大陸が互いに衝突しながら、スポンジ状のマントルの岩に乗って大洋を漂った旅は、山脈や海や、衝突でできた海溝の中にその痕跡が残されている」［59、99］。

しかしもっと基本的な閃きでは、生きとし生けるものは皆、それぞれの過去の記憶そのものだ。宇宙にとって、記憶とは過去がどう現在において働くかである。残念なことに人間中心的観点の一部として、われわれは歴史を、書かれた記録のおそらく六千年で死んだ人間の過去として考える傾向にある。しかしほぼ、それはどうでもよいことである。過去の人間は皆、現在のわれわれのようになろうとしてできなかった、とわれわれは思い込んでいる。だからわれわれの学ぶことは何もない。「われわれはすっかり現在に生きているので、それによってどれだけわれわれは損なわれているか気づいていない」[102]。過去を忘れることは、われわれを通して生き続けようとする、二百億年発展している宇宙の創造的資源からわれわれ自身を切り離してしまうことである。食物の構成物についての考えが分かりやすい例になる。

何十億年もの巧妙な実験を経て地球が作った自然の食物を食べる代わりに、ピーナッツの殻に詰め込めるより少ない地球についての知識しか持たない多国籍企業が生産するジャンク・フードでわれわれは腹を満たしている。結果として癌《がん》、心臓疾患、愚行と関わる不必要な苦痛が生じている……何億年もの間、生命体はお互いを糧とすることを学習してきた。これは栄養分を供給する以上のことを意味する。われわれの後成的展開に必須の、情報をもった分子の配列とアミノ酸を供給することを意味する。われわれの身体は、食物に特有なスペクトルを待ち望み、期待するのである[105]。

レベル3と4　レベルの区別があまりうまくいっていないが、伝えたいことの大部分はどのレベルでも他の全レベルから離しては扱えないということである。その最も深い理由は、宇宙と地球が生きている実在と見なしうるという認識にわれわれは立ち向かわされていることで、宇宙と地球のプロセスの中からわれわれ自身を理解しなければならないのだ。この考えを定式化するには莫大な理論的困難があるが、出発点の成功はすでにある〔ラブロック 一九七九、一九八五参照〕。スウィムによるとそれは親密さの問題だと言う。つまり、われわれが地球の統合的ダイナミズムの理解に近づけば近づくほど、地球の進化の四十五億年が一つの巨大な胚形成に似ていることがはっきりしてくるという。スウィムは原核生物の例をもちだす。われわれの惑星の酸素含有量は過去十億年、二一パーセントあたりで一定を保っている。地球上の最初の微生物である原核生物の代謝活動が大気に酸素を加え、ゆっくりとその割合を増加させた。そして次第に酸素濃度が過剰なところまで到達した。そこで原核生物は地球上で優勢な生き物であることをやめ、池の底に飛び込むか他の生き物の中に忍び込んだ。だが原核生物が達成したより、数パーセントポイントが多いか少ないかでは、動物の進化が不可能になることが分かっている。進化を止めさせたのは何だったのか。

原核生物はあるがまま生存していた。生存条件が遺伝子的に定まった限界にとって有害になりすぎるまでは……。原核生物は生物圏のマクロ構造について何も分かっていなかった。地球全体のシステムは微生物の中に存在していた。マクロ構造は［微生物という］マイクロ構造に本来備わっている遺伝的限界の中に存在していた［136−137］。

しかしこの同じ閃きによって、「偶然の」あるいは「不必要な」種はありえないことを考察することになった。現在、地球には一千万の種が生息している。最も正確とされる推計では、人間は二十分ごとに一つの種を全滅させており、今後の十五年で五十万の種を失うという。地球がその生命力を維持することにとって、これが何を意味するか誰も知らない。世界で最も明らかな真実は、あらゆる種の新生児は土壌、空気、雨、食物、川から創造されているということだ。もしわれわれがこれらすべてを毒で汚染するなら、まだ生まれていないものたちも毒に変えていくことになる。過去二十年間で人間の出生異常は二倍になっているのだ。

レベル5　ここまでの四段階レベルについて、具体的事実によらなくても、自然の反復の仕組みを配慮することは人間の善の真のあり方であることを十分に示せたはずだ。生命に関わる価値の現在のレベルは、あらゆるレベルの全体的相互関係性を論点とするのに適した場所である。価値基準の階層について語ることが意味をもつのは、因果関係が価値基準の上下両方向に動くのが分かる場面だけである。区別と創造性の上昇する関係がある。条件付けと実施可能性の下降する関係がある。昨年、飢饉《ききん》に見舞われたフィリピンのネグロス島で働いていたカトリックのシスターが、私にこんな質問をした。「栄養状態の悪い子どもに、どうやって踊りを教えることができるでしょうか」と。できるはずはない。

レベル6　社会的価値は秩序の善において把握する価値で、経済システムの価値と政治システムの価値に分化する。生命に関する価値は反復する方法で達成されなければならないし、共同体の人々すべてに対して満たされなければならない。そこで経済的価値は、人々全体の生命の必要性ニーズを反復する適切な方法で満たすことのできるシステムで見いだされる。しかし、そのようなシステムは本質的に状況変化に対して自動調整しないし、できない。政治システムの価値が見いだされるのは、状況変化において経済システムに必要な調整を確実にする秩序で、同様に経済システムが人々の生命の必要性を満足させ続けることを確実にするためである。

レベル7　文化的価値は、自らの人生を生きることとの意味と価値を自己決定する人々にある。文化を構成する価値は健全か病的かのどちらかかもしれない。しかし冒頭の章で論じたように、人々は政治的・経済的価値の双方を決める優先権をもたなければならない。共同体に不可欠の弁証法が練り上げられるのは、このレベルである。この弁証法は「連関するが反対する二つの変化の原則の間にある、緊張するバランスの機能である。自然発生的な間主観性と社会秩序の善を設ける実践知性である。実践知性は社会の三つの次元に貢献する。テクノロジー、経済システムと政治秩序である。……自然発生的な間主観性と、実践知性の設けるテクノロジー的・

経済的・社会的取り決めとの間の弁証法が完全であることの可能性の条件は、文化なのである。日常的・反射的構成要素の両方で、文化である」〔ドーラン 一九八三b・141―142〕。ダイナミックな用語で文化的価値を考えることが重要である。社会秩序の機能停止は、受け入れられている文化的価値の単なる再確認以上のものを要求することになる。それは文化的価値が創造的に置き換わることを求めるかもしれない。

レベル8　どのような文化のいのちも、その文化を共有する人々が創造性を発揮し、その知識と行為の真正さを達成するところに依存する。個人的な価値は自己超越における人格で、価値を創出し他者を自由へと招くのである。個人的価値が実現されるところでは、文化的価値が繁栄し、あらゆる困難は克服される。本物ではない個人が広範囲にあるところでは、文化はスラムへと劣化する。

レベル9　宗教的価値は長い目で見ると個人的価値を実現可能にするものだ。全宇宙を創造的に支えている偉大な神秘によって無条件に愛されているという事実をどうにか知っている者だけが、歴史の悪をも転覆できるような方法をもってこの世界を愛することができるのである。それは悪を抑圧するのではなく、創造的に良い方向に転換する方法である。

簡単な概要であるが、以上が九段階の価値の統合的基準である。この観点から前章の幾つかの問題には、さらに明瞭に構成することができる。

一、歴史の現実の理解に対して、非還元主義者的アプローチの概要を提示しようと格闘してきた。価値基準においては、いずれのレベルにおける実現もその一つ上位レベルでの真正さが条件である。自由民主主義政治哲学もマルクス主義政治哲学も、宗教的、個人的、文化的価値の自律性に関して、無視または懐疑のいずれかを露呈し、実践では生命に関わる価値と社会的価値の基礎レベルに集中する。古典的影響のある宗教的伝統は、その注意を上位の三段階に集中し、日常の文化的、社会的、生命に関わるレベルを軽視しがちである。宗教的伝統は実践に関する回心を強調する一方、マルクス主義的立場は社会構造の変容を求める。生命に関する価値レベルと社会的価値レベルのつながりを理解するのは容易だし、どのように宗教的価値と個人的価値、文化的価値が相互に関係するかも理解しやすい。困難だが必要なことは、どのようにすべてのレベルが関係し合うか理解することである。例えば、人口問題を見てみよう。

この問題の重要性はあらゆる人々が受け入れている。一番関連するのは、産業化された農業は災難であるという認識である（——とりわけ、かけがえのない貴重な表土が米国だけで毎年四百億トン喪失させられる。米国では、どの大陸にも比してかつて最も豊穣であった表土の五〇パーセントはすでに損なわれている）。生存に必要な最低限は、農業生産の維持が可能なレベルである。生態域の観点から、地球によって長期持続させることが可能なのは何かを考えると、人口のレベルも考慮できる。

だが価値基準の「下から上へ」動くことは、差別化と創造性の動きと言われた。これは新しい文化的価値の創造性に向かわせる。しかし文化的価値が中心的位置を占めることが許されないという現在の状況では、選択されるのは「政治的」解決である。さまざまな宣伝方策を用いて協力を仕向ける。不合理にも大多数から同意を得ようとして、あらゆることが計画され、ほとんどのものが個人にとって直ちに経済的利益があると強調する。

主張・スタイル・方法は、いのちの自由というよりいのちから守られることを強調する。家族計画が、不道徳から守ることより、生命の深い意味の表現として利用されなければならないようになる。……住民全体には理性がない。操《あやつ》ることは可能だが、動機づけができない。個人だけが決めることができ、個人が決断すればするほど、支配できなくなる。自分たちがどれだけ子どもを産むか自由に決定する人々には、政治的制限について新しい動機や願望がある……［イリイチ、『性的力と政治的可能性』一九七三a、118−119］。

出生数制限は、自分以外の人々を念頭において受け入れる場合のみ、効果的で創造的、継続されることになる。しかし人々がその閃きのレベルに達するなら、たとえ革命的な奮闘努力が持続するまでになっても、彼らが広範な政治活動に創造的に参加し、それに関する規律を受容することを止めるものは何もない。だから人口問題の解決策は社会的価値の転換によってのみ可能であることであり、転換された価値の実施は、社会での生き方をもたらす文化的価値の変容なしには不可能だと分かるだろう。

二、統合的価値基準の観点では、マルクスが直面し、現在もわれわれが圧倒的に直面する状況がここにある。価値基準が二重に反転するような形で、経済的利益が法的政治的秩序を支配するようになり、政治秩序が文化の働きに取って代わった。政治の役目は抑圧と宣伝活動になり、経済システムの供給するものこそ必要なものであると人々に信じ込ませることになった。政治の真の役割は文化的価値を仲立ちして経済の諸制度を形成することであるべきなのだ。

価値の統合的基準が覆されると、法的政治的制度は資本主義であれ社会主義であれ、ゆがめられた経済の基礎構造を保存するために打ち立てられた誤った上部構造の中で最低段階になる……最初に被害を被る価値レベル、最初に崩壊する社会の要素は、文化である。美的なるもの、理解できるもの、そして真なるものの追求から発生するであろう意味を公に決定する要因が、社会という領域から立ち退かされる。それらは社会の辺縁へと退去するか、経済的利益の道具になる。法的政治的制度は、社会での生活のあり方を支配する公的な意味の源である文化に取って代わる。そしてこの諸制度はそれ自体経済的利益によって決定づけられるので、社会生活のあり方を左右する意味と価値は最後には経済的なものになる……経済的有用性が優位にあるということは、政治的価値も基礎構造から抜け落ちることになり、文化の機能がどんどん奪われ始めることになる……〔ドーラン 一九八三a・60－61、圏点は引用者〕。

マルクスはゆがめられた人間秩序の働きを分析しようとした。「病んだ存在から始めようとする時、人はあえて法律の中に事実を組み込んでしまう」〔ドーラン〕。これは下降の長期と短期サイクルを融合させて、階級闘争は歴史に対する唯一の解決の鍵であると宣言する時に起きたことを表現するのに良い方法である。マルクスがたいへん明確に分かったことは、個人・集団・一般の偏見が幅を利かせる時に起こりうることであるが、一般的偏見の重要性に触れることなく、マルクスはその事実を歴史の法則レベルに昇格させている。そこでわれわれは社会矛盾を解決する力を獲得することに依存するだけになる。

マルクスは文化と社会の秩序が健全だったら、経済と政治の関係はどうかと問うことは決してなかった［長期の下降サイクルとしてわれわれが言及してきたことが分かる人にだけ、この問いは可能である］。それゆえマルクスは、政治的価値は社会の下部構造にしっかり所属するという考えを決して享受できなかった。彼はマキャベリとホッブスの伝統の内にしっかりととどまっている。

＊　＊　＊

精神的回心

そのメッセージは現代性の神話によって圧倒されてしまっているが、古代ギリシャ悲劇が強調するのは、いかなる領域でも拡大には有機的限界があるということだ。その中に表現されたのは、真の人間成長と発展は必然的限界を尊重し受け入れる者だけに可能であるという閃きだった。

繰り返すと、欲望は、知性と判断において存続し、それによって存続する。知るという行為に関わりないことを確認して達成される。もし、あらゆる問いが実際のものごとのあり方に集中するなら、そしてもし、われわれが自分の判断で自身をつくりあげるというなら、すべてのわれわれの努力の本来の意味は、宇宙で起きていることとそのものにわれわれがなる、参加するということである。われわれはダンスするためにダンスを習うのだ。精神のプロセス全体は、感情を宇宙の秩序へと解放するプロセスである。われわれが誰であるか、とは宇宙の意識であり、われわれの生じる欲望は、宇宙を愛することで成就される。

まだ存在しないものになろうとすることを認めない感情には成長も、情緒の成熟もない。それが現在進行中の創造というものに参与することである……もし存在するものがわれわれに直面するだけと言うなら、なるべきものになろうとするものを超える方法はない……そして存在するものこそ、われわれが肯定するものとしてそれを理解しないなら、われわれに直面する。われわれが対処してこなかったあらゆることがわれわれに直面するように、それはわれわれに直面する。それが直面するということの意味である――忘却したものたちの悪意ある顔なのである［ムーア 一九八五・28］。

感情は、その真の意図からは追放されるが、激怒させられる。そこで精神的回心の問題は、いかなる判断に肯定される秩序で情緒をもって生きることである。それはものごとの序列の中への解放というイメージとともに生きることである［ムーア］。ロバート・ドーランの詳細な創造的研究［一九八一］では、一般的偏見が長期の下降サイクルを通して、人間の精神の度重なる軽視をもたらすという。価値・質の秩序の軽視が精神の軽視となるのは避けられない。なぜなら価値というものは、議論や決断によって追求される以前に、情感において重要性が感知されるからである。あらゆることを固有の善と秩序の善という二つの下位レベルに還元することは、生命の動く方向を求める際の繊細な精神の関与を損なうことになる。そして次に生命の動きをゆがめることになり、分断された無関係の奇妙な情動やイメージの複合体が一連の混乱を作ることになる。逆説的に言うと、「長期的視点の軽視は、限界の有機的・精神的根源を軽視することで、逆に言うと、限界の軽視は長期的視点の採用を拒否することである」〔139〕。価値の秩序を社会的善と固有の善に詰めこむ時、超越の原動力はゆがめられて権力と支配への誇大妄想的原動力になる。もちろん、われわれの届きたいと思う全能力にまで本当に引き延ばすものは、あらゆる創造性の源であるわれわれの身体と精神の限界に注目することだろう。そうし損なうことは、ただ、いのちを逃すことになる。

ムーアは、米国防省企画官のグループが、マイケル・ハワード〔オックスフォードの現代史欽定講座教授で戦争の歴史の世界的権威〕を訪問した時のことを記述している。ハワードは助言を求める客人たちに、彼らの計画は戦争の現実とは何の関係もなく、自己中心的世界の中で展開される難解な理論化の一片にすぎず、過去の記憶とも無縁で、いかなる経験にも試されず、試されえないと語ったが、成果はむなしかった。このことからムーアはノヴァーリス〔ドイツの詩人〕が十九世紀の幕開けに発した預言者的言葉を想起した。それは「彼らが集まって計画する時は、そこに宇宙はない」というものだった。

精神的回心は、魂（知的、合理的、思慮深く宗教的な意識）と、精神（感覚的意識）と有機体（無意識）の間で、個人の内的コミュニケーション能力が展開されるところにあると見られる。精神的回心が「どう」起きるかは、人の心象的・感情的・間主観的自発性によるところの、注意深い、知性と理性ある、実存的責任を負う決断力あるやりとりにある（そのやりとりの的確なやり方がなければ、人の心象や間主観的自発性への関心は、どこまでも単調な自己分析を続けることになる。そこでは目的も方向性も成果もない、自己陶酔的、浪漫的な苦悩に終わる。限界のない超越が人を偏《かたよ》った自意識の肥大化へと導くように、超越のない限界は意識の緊張を心理的行き詰まりと反対方向へ追いやるが、そこでは終わりなく繰り返す精神の死産しか問題にならない［ドーラン］）。

われわれの精神状態と、地球にいる哀れな者たちの窮状との間には直接の関係がある。

歴史的に見て、精神は下降の長期サイクルを部分的に構成するが、精神の軽視は志向性とからだが出会う場所を密集したジャングル……あるいは火山のようなものにしている。……現代の精神は抑圧され犠牲となっているが、最善のケアをもってアプローチせねばならない。それは、覚醒する精神や地球の被抑圧者たちの心とまったく同様に憤っている……実際、［彼らを奴隷としてきた］社会・経済システムがしたのは、はっきり示されたいのちの動きを主観の内部で軽視することにほかならない。それは歴史の弁証法の中へと「投影された」かのようであった。……その精神へのアプローチは、貧しい者たちに対する場合のように、不正を率直に認めることに基礎づけられなければならない。変えようとするだけでなく、人間の現実の次元に尊敬をもって学ぶという真なる態度が必要である。人間の現実の次元では悪の問題に対して、神自身の歴史的解決法であって絶対的に超自然的な解決法を神が知らしめ、最も直接的に有効としているのだ［ドーラン 150］。

ムーアの言うように、そこでは大きな問いは次のようになる。感情が生への活力を再び見つけうる心象はどこにあるのか。その答えは、人類の一つの肉体を神が自らのものとして造ったという事実に由来する一つのイメージがあり、そして肉による眼の前で十字架につけられたということであった。「そうして秩序の否定のうちに否定された感情のいのちをわれわれは見ることができる。肉体をもった秩序の、苦しみを受け、血を流すからだに見る。それを見て、見ることで、まるで永劫の失われた時からのように、復活の精神の中に魂が湧き上がるのを知る」［一九八五・32］。

そのようなシンボルによって力を得て、われわれは、自分が依存するものを断ち切る助けになる宇宙の展望に達するのかもしれない。生き方を無気力にさせる影響も分かる助けとなるのだろう。少しずつ、輝かしいテクノロジーの観念を真に評価する能力を回復できる。われわれの発明の大部分は有用性が限られている。知恵はその限界を決める能力にある。それゆえE・F・シューマッハは次のように言う。知恵は人は第一に知恵の回復のために働かなければ、誰も本当に平和のために働けない［一九七三・30］。日本での最近の講話の中で、イヴァン・イリイチは簡単な説明をしている。彼の誕生後すぐ、ダルマチア（クロアチアの沿岸地帯）の沿岸近くのブラチ島に暮らしていた祖父は孫に会えるよう願った。一九二六年に赤ちゃんを乗せて島に来た同じ船で、その島で最初に見かけることになるスピーカーもやってきた。その日まで、すべての男女はほぼ同様の大きな声で話していた。それ以降は状況が変わることになった。マイクへの近さによって、誰の声が拡大されるか決まるのだった。いまや庶民の間の沈黙はなくなった。それはスピーカーが獲得競争するものになった。言葉はそうして現地の人々の共有物から国レベルの意思伝達の資源に変容した。領主たちの囲い込みが、小作農にヒツジ数匹の飼育を許可せず国の生産性を増大させたように、それまで男女一人ひとりに与えられていた平等なふつうの声を可能にした沈黙は、スピーカーの浸食によって損なわれてしまった。スピーカーが近くになければ、沈黙するしかなくなってしまった［一九八五・80–82］。

合意によって意味を実現する共同体の力学を阻止することで、共同体の力の基盤を弱める発明は、あまり賢い発明ではない。他のどこでも同様だが、ここでの問題は発明でなく、その真の有用性の判断である。新たに出現する意識を道徳上・環境保護上で差別化する思考が端緒になることもある［エルギン 一九八二、シューマッハ 一九七三参照］。

＊　＊　＊

結論としての神学的ではない後記

この小著で扱う論題の範囲は非常に広範で、結びとなる本章での示唆はどれもわずかなものだけである。だが本書の副題の言葉への明瞭な言及がないことから困惑が当然起きているだろうと感じている。インカルチュレーションは言うまでもなく、どこで希望が扱われたか。その答えの一部は私が試みたことの基本的性質のうちにある。私が進めてきたとする、その暗黙の扱い方に注意を促したいと思う。

もし曖昧な記述で妥協しないなら、希望について説明する大局的視点が必要である。熱核戦争による全滅が切迫であるという展望が、攻撃における物理、化学、生物の説明にわれわれを力強く向かわせた［フロム 一九七三］ように、われわれには希望によって何を意味するかという説明が必要である。

楽観主義の恣意的あるいは根拠のない感情とはまったく違って、希望とは、恵みとしてのいのちが出現するプロセスという深遠な真実が人間意識のうちに生み出す、適切な応答である。神の恵みであるいのちの完全な真実があらゆる認識からゆがめられてしまっているとき、人々は希望のないものにされてしまい、創造性の根拠からは断ち切られてしまう。ゆがみをもたらしているこのプロセスに正確な名を付けることだけが、希望と創造性の水源を再び解き放つことになるのだ。

文化への解放という福音メッセージをもたらすことは、人間の価値の統合的基準が尊重される場合にのみ可能になる。現在のように、人間の文化に対する脅威が世界的な場合、インカルチュレーションはその脅威に対する辛抱強い苦闘においてだけ発生する。この中心となる論点を、私は集中して論じてきた。

「実際の福音伝道は、実質的に古典文化の流儀と焦りにとどまっている」［マックシェーン 一九八五・24］というのは真実かもしれないが、多くの者は今日その問題に創造的なやり方で取り組んでいる［ボフ 一九八五・89−107、キャドレット 一九八二、ピエリス 一九八五、シュライター 一九八二参照］。

私の説明モデルにあるように、いのちへの脅威と認識・理解される状況にあって、希望は出現すると私は信じている。その認識と理解を促進しようと努めてきた。同様に、あらゆる生命が絶滅の脅威にさらされている規模に気づくとき、福音メッセージが最も今日的意味を帯びると信じている。小著のふさわしい締めくくりになると思う、ゲルト・タイセン［ドイツのプロテスタント神学者］の考えを以下に紹介する。

英国のある地域の工業化の結果、白樺の木は灰黒色になった。そうならなかったら、いちばん都合の良い保護色と生存の機会があった胡麻塩色の蛾《が》は、簡単に識別可能になり、敵の餌食になった。そして時として、その蛾の黒い突然変異体が出現していた。白樺が白い間は、自然淘汰《とうた》の犠牲になっていた。だが今は生存の可能性が増えた。次第にその蛾は黒色を増していった。蛾のその黒い色は機能障害だったのだが、異なる状況では、生存可能性を与えることになった。その説明に教訓を付加したくなった。つまり、イエスはそのような黒い蛾である。彼は捨て去られたが、その存在のあり方は後に生存の可能性を提供することになった。敵に対するイエスの愛は、これまで世界の歴史においては実行困難な夢想に見えた。だが時が来るだろう――まさにすでにここに来ているが――それは、人間同士の侵略を減らすこと、敵に相対する方法を変えることにどれほど成功するかで、われわれの生存が左右される時だ［一九八五・168］。

＊　＊　＊

引用

［日本語訳の存在する著書・論文には、〝邦訳〟として日本語版タイトル（出版社、出版年）を付しました。日本語訳のないものについては、仮のタイトルを訳出しました］。

Allen, Woody, 1980, SIDE EFFECTS, Random House, New York.
邦訳　ウッディ・アレン『ぼくの副作用——ウッディ・アレン短編集』CBS・ソニー出版、一九八一年。

Amaladoss, Michael, 1980, East Asian Pastoral Review, Vol. XVII, No. 2.（マイケル・アマラドス「イースト・アジアン・パストラル・レビュー」第17巻第2号）。

Anderson, Perry, 1983, IN THE TRACKS OF HISTORICAL MATERIALISM, Verso Books, London.（ペリー・アンダーソン『史的唯物論をたどって』）。

Aronson, Ronald, 1983, THE DIALECTICS OF DISASTER: A Preface to Hope, Verso Books, London.（ロナルド・アロンソン『災害の弁証法——希望への序説』）。

Azevedo, Marcelo de C., 1981, INCULTURATION AND THE CHALLENGES OF MODERNITY, Gregorian University Press, Rome.（マルセロ・C・アゼベド『インカルチュレーションと現代の挑戦』）。

Bahro, Rudolf, 1984, FROM RED TO GREEN, Verso Books, London.（ルドルフ・バーロ『赤から緑へ』）。
　邦訳『東西ドイツを超えて——共産主義からエコロジーへ』緑風出版、一九九〇年。

Barnet, Richard and Ronald Mueller, 1974, GLOBAL REACH: THE POWER OF THE MULTINATIONAL CORPORATIONS, Simon & Schuster, New York.（リチャード・バーネット、ロナルド・ミュラー『グローバル・リーチ——多国籍企業の力』）。
　邦訳『地球企業の脅威』ダイヤモンド・タイム社、一九七五年。

Bello, Walden et al., 1982, DEVELOPMENT DEBACLE: The World Bank in the Philippines, I.F.D.P., San Francisco.（ウォルデン・ベッロ他『開発崩壊――フィリピンにおける世銀』）。

Bendix, Reinhard, 1962, MAX WEBER, Peter Smith, New York.
邦訳　ラインハルト・ベンディクス『マックス・ウェーバー――その学問の全体像』中央公論社、一九六六年。

Berger, Peter and Luckmann, T., 1976, THE SOCIAL CONSTRUCTION OF REALITY, Peregrine Books, Harmondsworth.
邦訳　ピーター・バーガー、T・ルックマン『現実の社会的構成――知識社会学論考』新曜社、二〇〇三年。

Berger, Peter, 1973, THE SOCIAL REALITY OF RELIGION, Penguin Books, Harmondsworth.（ピーター・バーガー『宗教の社会的現実』）。

Berger, Peter, 1974, THE HOMELESS MIND: Modernization and Consciousness. Penguin Books, Harmondsworth.

邦訳　ピーター・バーガー『故郷喪失者たち――近代化と日常意識』新曜社、一九七七年。

Berger, Peter, 1977a, PYRAMIDS OF SACRIFICE: Political Ethics and Social Change, Penguin Books, Harmondsworth.

邦訳　ピーター・バーガー『犠牲のピラミッド――第三世界の現状が問いかけるもの』紀伊國屋書店、一九七六年。

Berger, Peter, 1977b, FACING UP TO MODERNITY: Excursions in Society, Politics, and Religion, Basic Books, New York.（ピーター・バーガー『現代性との直面――社会、政治、宗教』）。

Berry, Thomas, 1980, THE RIVERDALE PAPERS (9 Vols.) The Riverdale Center, New York.（トマス・ベリー『リバーデール・ペーパーズ』全9巻）。

Bloch, Ernst, 1966, "Man and Citizen According to Marx" in SOCIALIST HUMANISM, Erich Fromm (ed.) pp.220-7 Doubleday Anchor Books, New York.（エルンスト・ブロッホ「マルクスによる人間と市民」エリッヒ・フロム編『社会主義者のヒューマニズム』所収）。

Boff, Leonardo, 1985, CHURCH: CHARISM & POWER, Crossroad, New York.（レオナルド・ボフ『教会、カリスマと権力』）。

Boulaga, F. Eboussi, 1965, CHRISTIANITY WITHOUT FETISHES: An African Critique and Recapture of Christianity. Orbis Books, New York.（エブシ・ブラガ『フェティッシュのないキリスト教——アフリカの批判とキリスト教を捉え直すこと』）。

Butterfield, Herbert, 1983, THE ORIGINS OF MODERN SCIENCE, Bell & Sons, Lond. [1966, Free Press, Glencoe].
邦訳　ハーバート・バターフィールド『近代科学の誕生（上・下）』講談社〔講談社学術文庫〕、一九七八年。

Cadorette, Curtis R., 1982, "Christianity and the Aymara: A Case Study" in Motte/Lange eds. MISSION IN DIALOGUE, Orbis Books, New York, pp.500-514.（カーチス・カドレット「キリスト教とアイマラ——ケーススタディ」モッテ、ランゲ編『対話する布教』所収）。

Capra, Fritjof, 1982, THE TRUNING POINT: Science, Society and the Rising Culture. Simon Schuster, New York.
邦訳　フリッチョフ・カプラ『新ターニング・ポイント』工作舎、一九九五年。

Cassirer, Ernst, 1953, LANGUAGE & MYTH, Dover Publications, New York.

邦訳　エルンスト・カッシーラー『言語と神話』国文社、一九七二年。

Cassirer, Ernst, 1962, AN ESSAY ON MAN, Yale University Press, New haven.
邦訳　エルンスト・カッシーラー『人間——シンボルを操るもの』岩波書店〔岩波文庫〕、一九九七年。

Clark, William, 1985, "The Bad Neighbours" in IFDA Dossier 50, p.65.（ウィリアム・クラーク「バッド・ネイバーズ（悪い隣人）」ＩＦＤＡドシエ50所収）。

Gary J. Coates, 1981, "Planning and the Paradox of Conscious Purpose" in Coates (ed.) in RESETTLING AMERICA, Brick House Publishing Co., Andover, Ma. pp 501-542.（ゲイリー・Ｊ・コーツ「計画と故意のパラドックス」、コーツ編『アメリカの再定住』所収）。

Crollius, Ary R./Nkeramihigo, 1984, WHAT IS SO NEW ABOUT INCULTURATION? Gregorian University Press, Rome.（エイリー・Ｒ・クロリウス、Ｔ・ヌケラミヒゴ『インカルチュレーションの何が新しいのか』）。

Daly, Herman E., 1980, ECONOMICS, ECOLOGY AND ETHICS: Essays Toward a Steady-state Economy, Freeman, San Francisco.（ハーマン・デイリー『経済・エコロジー・倫理』）。

Donovan, Vincent J., 1978, CHRISTIANITY REDISCOVERED, Paulist Press [1983, Orbis Books, New York].（ヴィンセント・J・ドノヴァン『キリスト教再発見』）。

Doran, Robert, 1981, PSYCHIC CONVERSION AND THEOLOGICAL FOUNDATIONS: Toward a Reorientation of the Human Sciences. Scholars Press, Chico, Calif.（ロバート・ドーラン『心象的回心と神学的基礎』）。

Doran, Robert, 1983a, "Suffering Servanthood and the Scale of Values" in Lonergan Workshop, Vol. IV, 41-67. Scholars Press, Chico, Calif.（ロバート・ドーラン「苦しむしもべであることと価値尺度」、『ロナガン・ワークショップ』第1巻所収）。

Doran, Robert, 1983b, "Education for Cosmopolis" in Method; Journal of Lonergan Studies, Vol. 1, No.2, pp134-157.（ロバート・ドーラン「コスモポリスのための教育」、『方法・ロナガン研究』第1巻第2号所収）。

Dussel, Enrique, 1981, A HISTORY OF THE CHURCH IN LATIN AMERICA: Colonialism to Liberation. Eerdmans, Grand Rapids, Michigan.（エンリケ・デュッセル『ラテンアメリカ教会の歴史』）。

Elgin, Duane, 1982, VOLUNTARY SIMPLICITY, Bantam New Age Books, New York.（ドゥエイン・エルギン『自発的な簡素さ』）。

Enzensberger, H.M., 1974, “A Critique of Political Ecology” in New Left Review, 62, pp.3-31.（ハンス・マグヌス・エンツェンスベルガー「政治的エコロジー批判」、『ニューレフト・レビュー』62所収）。

Evans-Prichard, E.E., 1965, THEORIES OF PRIMITIVE RELIGION, Oxford University Press, Oxford.（E. E. エヴァンズ＝プリチャード『原始的宗教の理論』）。

Forrester, Jay W., 1976, “Churches at the Transition between Growth and World Equilibrium” in TOWARD GLOBAL EQUILIBRIUM (Collected Papers ed. By D.L. Meadows and D.H. Meadows), Cambridge Mass. (337-353).（ジェイ・W・フォレスター「成長から世界均衡の移行時にある教会」メドウズ編『グローバルな均衡に向けて』所収）。

Fowles, John, 1983, THE TREE, The Ecco Press, New York.（ジョン・ファウルズ『木』）。
Frank, Andre G., 1964, ON THE MECHANISM OF IMPERIALISM, Ann Arbor, Michigan.（アンドレ・グンダー・フランク『帝国主義のメカニズムについて』）。

Frank, Andre G., 1976, CAPITALISM AND UNDERDEVELOPMENT IN LATIN AMERICA. Monthly Review Press, New York.（アンドレ・グンダー・フランク『ラテンアメリカの資本主義と低開発』）。

Frank, Andre G., 1978,　WORLD ACCMULATION, 1492-1789, Monthly Review Press, New York.（アンドレ・グンダー・フランク『世界の蓄積 一四九二―一七八九』）。

Frank, Andre G., 1979, DEPENDENT ACCMULATION AND UNDERDEVELOPMENT, Monthly Review Press, New York..
　邦訳　アンドレ・グンダー・フランク『従属的蓄積と低開発』岩波書店、一九八〇年。

Freire, Paulo, 1972, CULTURAL ACTION FOR FREEDOM, Penguin Books, Harmondsworth.
　邦訳　パウロ・フレイレ『自由のための文化行動』亜紀書店、一九八四年。

Fromm, Erich, 1966 (ed.), SOCIALIST HUMANISM, Doubleday Anchor Books, New York.
　邦訳　エーリヒ・フロム（編）『社会主義・ヒューマニズム』紀伊国屋書店、一九六七年。

Fromm, Erich, 1973, THE ANATOMY OF HUMAN DESTRUCTIVENESS, Fawcett Crest Books, New York.

邦訳　エーリヒ・フロム『破壊・人間性の解剖』紀伊国屋書店、一九七五年。

Fromm, Erich, 1976, TO HAVE OR TO BE, Harper & Row, N.Y.
邦訳　エーリヒ・フロム『生きるということ』紀伊国屋書店、一九七七年。

Fuglesang, Andreas, 1984, "The Myth of People's Ignorance" in Development Dialogue, pp.42-62.（アンドレアス・フーグルサング「人々の無知の神話」、『開発対話』所収）。

Galbraith, John K., 1982, DIE ARROGANZ DER SATTEN, Goldman Verlag [Original English title: THE NATURE OF MASS POVERTY, 1979].
邦訳　ジョン・K・ガルブレイス『大衆的貧困の本質』ティビーエス・ブリタニカ、一九七九年。

Galtung, Johan, 1970, "Feudal Systems, Structural Theory of Revolutions," IPRA Studies in Peace Research 1, 110-188.（ヨハン・ガルトゥング「封建的システム、革命の構造的理論」『IPRA 平和研究』1所収）。

Galtung, Johan, 1971, "A Structural Theory of Imperialism," Journal of Peace Research 2, 81-118.（ヨハン・ガルトゥング「帝国主義の構造的理論」『平和研究ジャーナル』2所収）。

Geertz, Clifford, 1975, THE INTERPRETATION OF CULTURES, London [1973 Basic Books, New York].
　邦訳　クリフォード・ギアツ『文化の解釈学（1・2）』岩波書店、一九八七年。

Goulet, Denis, 1974, A NEW MORAL ORDER: Development Ethics and Liberation Theology, Orbis Books, New York.（デニス・グーレ『新しい道徳的秩序——開発倫理と解放の神学』）。

Habermas, Jurgen, 1974, THEORY AND PRACTICE, Heinemann, London.
　邦訳　ユルゲン・ハーバーマス『理論と実践——社会哲学論集』未来社、一九九九年。

Heelan, Patrick, 1965, QUANTUM MECHANICS AND OBJECTIVITY: A Study of the Physical Philosophy of Werner Heisenberg. Martinus Nijhoff, The Hague.（パトリック・ヒーラン『量子力学と客観性——ヴェルナー・ハイゼンベルクの物理哲学研究』）。

Henderson, Hazel, 1985, "The Warp and the Weft: The Coming Synthesis of Eco-Philosophy and Eco-Feminism" in Development, 1984:4, pp.64-68.（ヘイゼル・ヘンダーソン「たて糸とよこ糸——エコ哲学とエコフェミニズムの来たるべき統合」『開発』一九八四・四所収）。

Hillman, Eugene, 1976, POLYGAMY RECONSIDERED, Orbis Books, New York.（ユージン・ヒルマ

ン『一夫多妻制再考』）。

Hobsbawm, Eric, 1954, "The Crisis of the 17th Century," Past and Present, No. 5, May（エリック・ホブズボーム「十七世紀の危機」『過去と未来』第5号五月号所収）。

Illich, Ivan, 1973a, CELEBRATION OF AWARENESS. Penguin books, Harmondsworth.
邦訳　イヴァン・イリイチ『オルターナティヴズ――制度変革の提唱』新評論、一九八五年。

Illich, Ivan, 1973b, DESCHOOLING SOCIETY. Penguin books, Harmondsworth.
邦訳　イヴァン・イリイチ『脱学校の社会』東京創元社、一九七七年。

Illich, Ivan, 1975, TOOLS FOR CONVIVIALITY. Fontana/Collins, London.
邦訳　イヴァン・イリイチ『自由の奪回――現代社会における「のびやかさ」を求めて』東京創元社、一九七九年。

Illich, Ivan, 1977a, LIMITS TO MEDICINE: Medical Nemesis – The Expropriation of Health. Penguin Books, Harmondsworth.
邦訳　イヴァン・イリイチ『脱病院化社会――医療の限界』晶文社、一九七九年。

Illich, Ivan, 1977b, DISABLING PROFESSIONS. Marion Boyars, London.
　邦訳　イヴァン・イリイチ『専門家時代の幻想』新評論、一九八四年。

Illich, Ivan, 1978, THE RIGHT TO USEFUL UNEMPLOYMENT. Marion Boyars, London.（イヴァン・イリイチ『有用な失業状態の権利』）。

Illich, Ivan, 1980, TOWARDS A HISTORY OF NEEDS. Bantam Books, New York.（イヴァン・イリイチ『必要性の歴史を目指して』）。

Illich, Ivan, 1983, GENDER, Pantheon Books, New York.
　邦訳　イヴァン・イリイチ『ジェンダー――女と男の世界』岩波書店、一九八四年。

Illich, Ivan, 1985, "Silence is a Commons" in Development, 1985: 1, pp.80-82.（イヴァン・イリイチ「沈黙は庶民」『開発』一九八五：一所収）。

Jose, Vivencio (eds.), 1982, MORTGAGING THE FUTURE: The World Bank and the IMF in the Philippines. Foundation for Nationalist Studies, Quezon City.（ヴィヴェンシオ・ホセ編『未来を担保にする――フィリピンにおける世界銀行と国際通貨基金』）。

Kaysen, Carl, 1972, "The Computer That Printed Out W*O*L*F," Foreign Affairs (July), pp.660-668.（カール・ケイセン「W*O*L*F とプリントアウトしたコンピュータ」『外交』7月）。

Kenner, Hugh, 1971, THE POUND ERA, University of California Press.（ヒュー・ケナー『パウンドの時代』）。

Kuhn, Thomas S., 1970, THE STRUCTURE OF SCIENTIFIC REVOLUTIONS. University of Chicago Press, Chicago.
邦訳　トーマス・クーン『科学革命の構造』みすず書房、一九七一年。

Laclau, Ernesto, 1979, POLITICS AND IDEOLOGY IN MARXIST THEORY. Verso Editions, London.
邦訳　エルネスト・ラクラウ『資本主義・ファシズム・ポピュリズム——マルクス主義理論における政治とイデオロギー』柘植書房、一九八五年。

Laing, R.D., 1982, THE VOICE OF EXPERIENCE: Experience, Science and Psychiatry. AllenLane, London.（R・D・レイン『経験の声——経験、科学、精神医学』）。

Lamb, Matthew L., 1978, "The Production Process and Exponential Growth – A Study in Socio-Economics and Theology," Lonergan Workshop, Vol. I, pp.257-307.（マシュー・L・ラム「生産プロセスと急激な成長——社会経済学と神学の研究」『ロナガン・ワークショップ』第1巻）。

Lawrence, Fred, 1978, "Political Theology and 'The Longer Cycle of Decline," Lonergan Workshop, Vol. I, pp.223-256.（フレッド・ローレンス「政治神学と下降の長期サイクル」『ロナガン・ワークショップ』第1巻）。

Levi-Strauss, Claude, 1978, MYTH AND MEANING, Routledge & Kegan Paul, London.
邦訳　クロード・レヴィ＝ストロース『神話と意味』みすず書房、一九九六年。

Lonergan, Bernard, 1957, INSIGHT, Longmans, London.（バーナード・ロナガン『閃き』）。

Lonergan, Bernard, 1967, COLLECTION, Herder and Herder, New York.（バーナード・ロナガン『著作集』）。

Lonergan, Bernard, 1972, METHOD IN THEOLOGY, Darton, Longman & Todd, London.（バーナード・ロナガン『神学の方法』）。

Lonergan, Bernard, 1975, A SECOND COLLECTION. The Westminster Press, Philadelphia.（バーナード・ロナガン『著作集2』)。

Lonergan, Bernard, 1985, A THIRD COLLECTION, Paulist Press/Chapman, N.Y.（バーナード・ロナガン『著作集3』)。

Lovelock, James, 1979, GAIA: A NEW LOOK AT LIFE ON EARTH, Oxford University Press, Oxford.
　邦訳　ジェームズ・ラブロック『地球生命圏——ガイアの科学』工作舎、一九八四年。

Lovelock, James, 1985, "Geophysiology: A New Look at Earth Science" in Development Forum, July-August and September editions.（ジェームズ・ラブロック「地球生理学——地球科学の新しい見方」『開発フォーラム』7-8月号、9月号)。

Macpherson, C.B., 1962, THE POLITICAL THEORY OF POSSESSIVE INDIVIDUALISM, O.U.P., Oxford.
　邦訳　C・B・マクファーソン『所有的個人主義の政治理論』合同出版、一九八〇年。

Marcuse, Herbert, 1969, NEGATIONS: Essays in Critical Theory. Beacon Press, Boston.（ヘルベルト・

マルクーゼ『否定——批判理論についてのエッセイ』)。

McCoy, A./de Jesus, Ed., 1982, PHILIPPINE SOCIAL HISTORY: Global Trade and Local Transformations. Ateneo de Manila Univ. Press.（A・マッコイ他編『フィリピン社会史——グローバルな貿易とローカルな変容』)。

McShane, Philip, 1980, LONERGAN' S CHALLENGE TO THE UNIVERSITY AND THE ECONOMY, University Press of America, Washington, D.C.（フィリップ・マクシェーン『大学と経済へのロナガンの挑戦』)。

McShane, Philip, 1985, "Systematics, Communications, Actual Contexts" – paper read at the 1985 Boston Lonergan Workshop, not yet published.（フィリップ・マクシェーン『システマティクス、コミュニケーション、実際の文脈』——一九八五年、ボストン・ロナガン・ワークショップでの発表論文、未刊)。

Meadows, Dennis L. (ed.), 1972, LIMITS TO GROWTH, New American Library, New York.
邦訳　D・L・メドウズ編『成長の限界——ローマ・クラブ「人類の危機」レポート』ダイヤモンド社、一九七二年。

Meadows, Dennis L. (ed.), 1973, TOWARD GLOBAL EQUILIBRIUM: COLLECTED PAPERS, Wiley, Cambridge, Mass.（D・L・メドウズ編『グローバルな均衡に向けて――論文集』）。

Meadows, Dennis L. (ed.), 1974, THE DYNAMICS OF GROWTH IN A FINITE WORLD, Wiley, Cambridge, Mass.（D・L・メドウズ編『有限な世界における成長のダイナミクス』）。

Medvedev, Roy, 1981, LENISM AND WESTERN SOCIALISM. Verso Editions London.（ロイ・メドヴェージェフ『レーニン主義と西欧社会主義』）。

Melchin, Kenneth R., 1985, “History, Ethics and Emergent Probability,” a paper read at the 1985 Boston Lonergan Workshop on the Crisis of the Human Good. Not yet published. [published in 1988, University Press of America].（ケネス・R・メルチン『歴史、倫理、出現する蓋然性』「人間の善の危機についての一九八五年、ボストン・ロナガン・ワークショップ」での発表論文。未刊）。［一九八八年刊行 University Press of America］.

Metz, Johann Baptist, 1977, GLAUBE IN GESCHICHTE UND GESELLSCHAFT, Gruenewald Verlag, Mainz.（ヨハン・バプティスト・メッツ『歴史と社会への信仰』）。

Mooney, Pat Roy, 1983, THE LAW OF THE SEED, special issue of Development Dialogue Uppsula.（パット・ロイ・ムーニー『種の法』）。

Moore, Sebastian, 1985, "The Affirmation of Order: Therapy for Modernity in Lonergan's Analysis of Judgment," a paper read at the Boston Lonergan Workshop. Not yet published.（セバスチャン・ムーア『秩序の確認――ロナガンの判断分析における現代性のためのセラピー』「ボストン・ロナガン・ワークショップ」での発表論文。未刊）。

Motte/Lang eds., 1982, MISSION IN DIALOGUE, Orbis Books, New York.（モッテ／ラング編『対話する伝道』）。

Mumford, Lewis, 1973 [1944], THE CONDITION OF MAN, Harcourt, Bruce, N.Y.
邦訳　ルイス・マンフォード『人間の条件』弘文堂、一九七一年。

Murray, Les, 1983, THE PEOPLE'S OTHERWORLD, Angus and Robertson, Sydney, Melbourne.（レス・マレー『人々の空想の世界』）。

Myers, Norman, 1985, GAIA: AN ATLAS OF PLANET MANAGEMENT, Pan Books, London and Sydney.
　邦訳　ノーマン・マイヤーズ『地球ウオッチング：50億人のためのガイアアトラス』平凡社、一九八七年。
Myrdal, Gunnar, 1970, OBJECTIVITY IN SOCIAL RESEARCH, Duckworth, London.
　邦訳　グンナー・ミュルダール『社会科学と価値判断』竹内書店、一九七一年。
Norgaard, Richard B., 1984, "Coevolutionary Agricultural Development," Economic Development and Cultural Change, Vol. 32, No. 3, pp.523-546. Univ. of Chicago Press（リチャード・B・ノルガルド「共進化農業開発」『経済開発と文化変容』32巻3号）。
Owen, Norman, 1984, PROSPERITY WITHOUT PROGRESS, Ateneo de Manila University Press, Quezon City.（ノーマン・オーウェン『進歩なき繁栄』）。
Pieris, Aloysius, 1982, "Western models of inculturation: How far are they applicable in non-Semitic

Asia?" East Asian Pastoral Review, pp.116-124.（アロイジウス・ピエリス「インカルチャレーションの西欧モデル——非セム系アジアでどこまで適用可能か」『東アジア・パストラルレビュー』）。

Pradervand, Pierre, 1982, DEVELOPMENT EDUCATION: The 20th Century Survival and Fulfilment Skill. Service Ecole Tiers Monde. Lausanne.（ピエール・プラデルヴァン『開発教育——二十世紀の生き残りと達成のスキル』）。

Prien, Hans-Juergen, 1978, DIE GESCHICHTE DES CHRISTENTUMS IN LATEINAMERIKA. Vandenhoeck u. Ruprecht, Goettingen.（ハンス＝ユルゲン・プリエン『ラテンアメリカのキリスト教史』）。

Rivera, Temario et al., 1982, FEUDALISM AND CAPITALISM IN THE PHILIPPINES: Trends and Implications, Foundation for Nationalist Studies, Quezon City.（テマリオ・リヴェラ他『フィリピンの封建的制度と資本主義——傾向とその意味』）。

Robinson, Joan, 1964, ECONOMIC PHILOSOPHY, Garden City, New York.

邦訳　ジョーン・ロビンソン『経済学の考え方』岩波書店、一九六六年。

Rosenberg, David A. (eds.), 1979, MARCOS AND MARTIAL LAW IN THE PHILIPPINES, Cornell University Press, Ithaca and London.（デビッド・ローゼンバーグ編『マルコスとフィリピンの戒厳令』）。

Schreiter, Robert, 1982, "A Framework for a Discussion of Inculturation" in Motte/Lang (eds.) MISSION IN DIALOGUE, pp.544-554.（ロバート・シュライター「インカルチュレーションの議論のための枠組み」モッテ／ラング編『対話する伝道』所収）。

Schumacher, E.F., 1973, SMALL IS BEAUTIFUL: Economics as if People Mattered. Harper & Row, New York.

邦訳　E・F・シューマッハー『スモール イズ ビューティフル』講談社、一九八六年。

Sharratt, Bernard, 1982, READING RELATIONS: Structures of Literary Production. Harvester Press, London.（バーナード・シャラット『関係を読む——文芸制作の構造』）。

Simon, Julian L., 1980, "Resources, Population, Environment: an Oversupply of False Bad News" in Science, No. 208 (June) pp. 1431-37（ジュリアン・L・サイモン「資源、人口、環境――悪い誤りのニュース」『サイエンス』２０８号（７月）所収）。

Stauffer, Robert B., 1979, "The Political Economy of Refeudalization" in Rosenberg (eds.), MARCOS AND MARTIAL LAW IN THE PHILIPPNES,pp.180-218.（ロバート・B・シュタウファー「再封建化の政治経済」ローゼンバーグ編『マルコスとフィリピンの戒厳令』所収）。

Stavenhagen, Rodolfo, 1985, "The indigenous problematique," IFDA Dossier 50, pp.3-14.（ロドルフォ・スタヴェンハーゲン「先住民問題」『IFDAドシエ』50所収）。

Sullivan, Shaun J., 1976, KILLING IN DEFENSE OF PRIVATE PROPERTY: The Development of a Roman Catholic Moral Teaching - Thirteenth to Nineteenth Centuries. Scholars Press, Missoula, Montana.（ショーン・J・サリバン『私的所有権防衛のための殺し――ローマカトリックの道徳教育の発展、十三世紀から十九世紀』）。

Swimme, Brian, 1985, THE UNIVERSE IS A GREEN DRAGON, Bear & Co., Santa Fe, NM.（ブライア

ン・スウィム『宇宙は緑のドラゴン』)。

Tawney, R.H., 1947, RELIGION AND THE RISE OF CAPITALISM, Smith, New York.
邦訳　R・H・トーニー『宗教と資本主義の興隆（上・下）』岩波書店〔岩波文庫〕、一九五九年。

Theissen, Gerd, 1985, BIBLICAL FAITH: AN EVOLUTIONARY APPROACH, Fortress Press, Philadelphia.（ゲルト・タイセン『聖書の信仰――進化論的アプローチ』)。

Thompson, Edward et al., 1982, EXTREMISM AND COLD WAR. Verso Editions, London.（エドワード・トムソン他『過激思想と冷戦』)。

Tierney, Brian, 1959, MEDIEVAL POOR LAW, Univ. of California Press, Berkeley and Los Angeles.（ブライアン・ティアニー『中世貧困者法』)。

Wallerstein, I., 1983, HISTORICAL CAPITALISM, Verso Editions, London.
邦訳　I・ウォーラーステイン『史的システムとしての資本主義』岩波書店〔岩波文庫〕、

一九八五年。

Walterstein, I., 1984, THE POLITICS OF THE WORLD ECONOMY. Cambridge University Press, London.
邦訳　I・ウォーラーステイン『世界経済の政治学――国家・運動・文明』同文舘出版、一九九一年。

Weisskopf, Walter A., 1955, THE PSYCHOLOGY OF ECONOMICS, University of Chicago Press, Chicago.（ウォルター・A・ヴァイスコプフ『経済の心理学』）。

Wilber, C.K./Jameson, K.P., 1984, AN INQUIRY INTO THE POVERTY OF ECONOMICS, Univ. of Notre Dame Press, Notre Dame.（ウィルバー／ジェームソン『貧困の経済学探求』）。

Zukav, Gary, 1980, THE DANCING Wu-Li Masters: An Overview of the New Physics. Bantam New Age Books, New York.（ゲイリー・ズーカフ『踊るウーリー（物理）マスターズ――新しい物理学概観』）。

天にあるように地においても

――フィリピンの状況で神に向かうこと――

目　次

序文

本書の中心は基本的な司牧の方針についての講演で、ミンダナオ島＝スールー諸島教区司祭の何人かに聴かせたものである。私の関心で、彼らの関心でもあることは、世界の人々のために教会の司牧が有効性をもつかどうか批判的に熟考するところにあった。講演のもつ性格から解説のための詳細な脚注は適さないし、脚注の使用を正当化することも妥当ではない。また講演対象の地域状況から離れすぎてしまうことも、その考え方がはるかに広範な状況に適用されるとしても、許されることではない。こうしたことをすべて考慮した結果、講演に向けた準備として私が入念に作成した原稿は、講演そのものとはかなり異なるものになった。

もし話したことをそのまま出版するつもりであったなら、問題はなかっただろう。しかし読者はこの講演の主張の背後にある基礎的批判的見方というようなものを知っているべきだろうと私は思う。そしてそれを提供する責任を私は感じている。

どのようにこの困難を解決したか。私は自分の経歴書の一般紹介部分を講演の「はじめに」として使用した。そして経歴書の残りを本書の【付録】に収めた。講演と、【付録】内容の間には明確な構造的並行関係があるので、本書を手に取る読者のさらなる探求を助けている。著者が読者をそこまで引き込めるかにかかっているが。

講演と付録は基本的に同じ分野を扱っているが、望ましくないほどの繰り返しになってはいないと思う。要約する度に違う、より明快な論述になっているという信念があるからである（その例は、価値基準の9段階の提示）。なじみのない、複雑な事項説明を多様に幾重にも成すことの利点は明らかである。

講演と経歴書を統合して調和のある一冊の書物にすることは理論的に可能であるが、そのような統合の試みには筆者に与えられている以上の時間を要するだろう。私のそのような試みがこの世になくて済むなら、神の佳《よ》き摂理の現れなのであろう。

講演録音のテープ起こしと本書の初稿編集に当たったペルラ・ヤップとブレダ・ヌーナンに深く感謝する。

一九八八年　オザミス・シティにて

はじめに

過去十二年間、フィリピンでの公正な社会実現のため奮闘中の教会関係諸グループは驚くべき活力と創造力を発揮してきた。戒厳令下で、フィリピン階層社会の無視できない少数派（十年でカトリック司教会議の五分の一から三分の一になった）と、さらに無視できない修道者の少数派は、増大する抑圧にもかかわらず、預言者的教会になるというチャレンジを受け入れた。社会に行われている不正に対抗するためさまざまの特別チームが結成された。教会の構造も創造的に修正され、教会を真の参加の場所と神聖な共同体の力と見なすようになった。そのようなイニシアチブによって生み出された状況の中で、一九八六年のマルコス政権崩壊までには人権問題中心の世俗的運動がかなり活発になっていた。(1) そのような創造的動きがここにきて消えていく兆候がある。こうしたグループの信仰の要求と、その後に続く者の道筋は同一と考えられたことが、その運動を支えたのではないかという推測にはうなずける。もしこれがそうした取り組みの背後に働く精神的な力なら、信仰の要求と後に続く者の道筋を同一とする考えを弱めることこそ、そうしたグループの弱体化につながったかもしれなかった。信仰の要求か、後から追う道筋のいずれかから混乱や当惑が起きうる。源が何であれ、混乱や当惑があれば根本的に後に続く者はなくなる。

本書はそうした混乱を一掃するため、人間の完全な善のダイナミクスをよく理解できるよう助けるものである。本書は上述の混乱の二つの源に対応する、二つの大きな部分で構成される。第一章は教会が則《のっと》って活動すべき「十字架の法（Law of the Cross）」に光を当てることをテーマにする。続いて第二章では、この法に従って生きることは完全な人間の善のダイナミクスへの閃きを要求するという認識を扱い、こうしたダイナミクスの解明をテーマとする。十字架の法の下でのいのちの実現は、人間と地球の関係および人間同士の関係における統合的な価値基準を確立する、つまり社会的基礎構造と社会の文化的上部構造の適切な関係を確立するという具体的な使命のうちにある。これは歴史的救済のダイナミクスと、そうした救済プロセス関与においてたどるべき具体的道筋を明らかにするのに役立つだろう。第三章は教会であることにとっての、これらすべての意味合いを詳述する。本書で私が述べようとする前進の本質について、現在の状況と関連づけて提示できれば読者の助けになることだろう。

グローバルな状況との関係

注意を向けるべきなのはグローバルな状況で、これが主要な事情背景となっているに違いない。現在ほとんどあらゆる地域、あらゆる文化の土台は、第一にグローバルな経済構造条件によって定義される。こうした中で、フィリピンは支配的な世界システムとの関係では周縁的状況にあると理解される(2)。そこに何も新しいことはない。しかし新しいのは、この状況との関連で、信仰の要求をこれまでよりずっと厳密な方法で仲介する必要があると認識していることである。われわれに現代文化批評の規範的な基盤が欠落している限り、こうした認識はありえなかった。評価できる文化解釈学なくして、公共政策の基礎として理解されうる文化の神学をわれわれはもちえなかった。そうした規範的基盤を発展させたのは、故バーナード・ロナガンのライフワークを広めてきたロバート・ドーランの貢献だ。(3) 社会秩序における信仰の要求を説明するのに必要な批判的基盤をわれわれはもたなかったが、今はある。次に幾つかの関連事項を挙げる。

以前の統合との関係

一九七六年のバギオでのFERESセミナーを振り返ると、(4) そこに過去十年の創造性にとって重要な貢献となる瞬間が見えるとすることは不的確とは言えないだろう。セミナーは多くの人々に社会分析の道具を用意した。その道具を用いることで、自分たちが責任をもって召し出されていると人々の感じる世界の構造が明確にされた。さて、この「はじめに」の冒頭で掲げた混乱の状況において、特別な意味合いの建設的な道具が求められているように見える。この道具は、以前の道具が優れて役立つ分野、すなわち稼働中のシステムの経済・政治分析では太刀打ちできないだろう。むしろ、健全な社会を構成するものを明らかにすることで以前の分析を補完する。そしてこれも完全な人間の善というモデルによるものである。

このような明確化の必要性は見逃されることがよくある。しかし自分たちが手にしようともがいている善のあるべき形は誰にでも分かっているという思い込みは、これまでも今も、われわれ自身の応えのあり方を左右し、自分たちの戦う悪そのものの構造へとつながる。悪を同定することだけでは、創造的な応えを示せない。マルクスの場合にありがちなように、病的な社会存在とともに働くことによって、病的状況の事実を法の地位にまでもたらすようわれわれは促される。われわれはそこで、悪に支配されるレベルでの悪に対する闘争にすっかり結び付けられていることを発見する。悪と戦うそのような還元主義的戦略はすでに自滅的である。本書でかぎとなる戦略は、レベルの各層と、不可欠な人間の善の複雑な相互作用の概要を述べることである。それがうまくいく範囲で、二つのことが起こる。

――克服すべき社会悪のさまざまな側面をより正確に確認する。

――状況回復のためのより効果的な戦略。

このモデルの中心は、人間文化の真のダイナミクスと重要性を改めて発見・把握することである。このカテゴリーあるいは混乱、これを革命の文脈で扱おうとする思索家たちにまで取り込まれる混乱を些細なこととする動きは、乗り越えなければならない。アルゼンチン生まれの小説家・政治コラムニスト、アリエル・ドーフマンは一九七三年のピノチェト将軍率いる軍部のチリ・クーデターについての最近の発言で、「チリで敗北があったとしたら、それはわれわれの政治的文化的敗北だ。われわれの国とは本当にどういうものかを反映する対話の言葉を創造できなかったという意味での敗北だ。私はピノチェトに石を投げるなと言っているのではない。ただ、例えば、マッチョなどで危機の深い原因を矯正するなどと自分で信じ込まないようにするのだ。私は物事を日常の現実の中で理解したいし、われわれのじゃまをする神話と、われわれ自身を浄化するために創らねばならない神話を見つけたいのだ」と吐露《とろ》している(5)。

社会的教説で正しい社会の追求においてこの要因が中心となることを主張するため、教会は適切なカテゴリーを見つけようと二十年以上も努めてきた(6)。教皇ヨハネ・

パウロ二世は文化について、個人の最も深いレベルの位置から国家やグローバルな様相に至るまで分析している。あらゆる文化の進展は思考することと愛することに根ざしていると考えられる。それは自由から起こり、発展するためには抑圧のないシステムを必要とする。対照的に、先進工業文化は徹底的にイデオロギー的で、利益最大化の経済的理由であれ政治支配のためであれ、大衆を管理・幻惑・操作する方法を発展させてきた。個人はそこで非個人にされてしまうので、キリストへの忠誠が要求するのは、人々が自分自身の苦境ならびに国とグローバルのレベルでの社会の窮状に目覚めるよう教会が働きかけることなのだ。

そのような取り組み(7)の教皇支持者たちによる受け入れを阻止しているのは、統合的モデルの欠如である。

そこで何が起きているか。教皇・司教による講話、文書などで抑圧的政治経済構造を明確に非難するにもかかわらず、文化について新たに強調することはこうした構造への関心をそらすものと見られ、そのための創造的な閃きはあっさり拒絶されてしまう。

発展する解放の神学との関係

解放の神学で着実に進行中の作業は、その信仰の原初的閃きを批判的に基礎づけ、非本質的事項（extrinsicism：人間の歴史的経験と無関係のカテゴリーを用いること）とされる非難が掲げられないようにすることである。それに反する提案者による修辞的言辞にもかかわらず(8)、解放の神学の貴重な達成は、理性と信仰の弁証法的関係の可能性を解説するところにある。

本論で採用した方法論的神学（methodical theology）は、解放の神学が提供するキリスト者の行いにとっての積極的な規定を、その行いの主体の自己発見・把握において基礎づけるのを助けるものである。そのような批判的基礎づけは、恣意的であるという理由での解放の神学への攻撃を克服するであろう(9)。そのような批判的基礎づけがなければ、なぜ神が貧しい者たちを好まれるか、などを把握するのは不可能である。なぜなら聖書のカテゴリー（例えば、神の国）と、真理と生きる意味をわれわれ自身探し求めるという生来の規範的ダイナミクスとの関連をわれわれが分かることはないからである。

全五巻予定のキリスト論研究のうち最近出版された第3巻でファン・ルイス・セグンドが強く主張するのは、解放の神学を奉ずる者たちがキリスト論の政治的要点を独占的に使用したために歴史における救いのダイナミクスが不十分にしか理解されていないということである。そして同様にそれが不適切な行いと、その結果としての落胆につながっている。(10) 本論で展開されるモデルによって、われわれの信仰の核としてキリスト論の政治的手がかりが必要であること、そしてそれが不適切であることの双方が明らかにされるべきである。もしそれがうまくいくなら人々の中に、複雑で歴史的に終わりのない奮闘のために信仰の力が自由に動くよう助けることだろう。結局のところそれこそ必要なことである。

適切な福音伝道との関係

この最後の点では、現在フィリピンで決定的に必要なのは適切な福音伝道であるという趣旨のフランソワ・ウタールの最近の提案に触れる。ここでかなり明白なのは、福音は自由の束縛と罪という具体的な歴史的経験との関係で伝道されなければならないという点だ。適合性（adequacy）に欠ける現代の状況を分析すればどれも、よそよそしい福音伝道にしかつながらないし、それは希望の立脚点をなくすことで、結果として長い目で見れば人々の幻滅につながる。唯一の完全な福音伝道はこの適合性（adequacy）のレベルに達することこそ私は主張する。

講演と近似した状況

ディポログ、オザミス、パガディアン、イリガン、マラウィの各教区（D.O.P.I.M.）は多年にわたり共同で司牧の展望と目的の改善に努めてきた。近年合意したのは、貧しい者たちを優先的に選び取っていくための主要な手段として基本的な教会共同体の構築に焦点を絞ることである。本書はそのような焦点を成り立たせる神学と霊性の双方を探求するためのものである。

一九八七年のイリガンの年次会合の準備として、D.O.P.I.M.全域調査が行われ、結果はその最初の段階で会議参加者に知らされた。調査の際立った部分は基本的な教会共同体に対する人々の姿勢に触れたところだった。その結果が示したのは、回答者の一二・五パーセントがそのような共同体に所属・関与していることのうちにキリスト者としての自己理解を見ていたことだ。若い司祭の多くはわずかの人々しか共同体支持や所属を表さなかったことに落胆した。これほど多くの時間と努力が基本共同体促進のために注入されたのだから、もっと高い数字が出てもよいのにと感じていた。このような落胆は妥当とは言えない。

ここで必要なのは歴史的見地である。もちろん教会の新しいあり方について近年多くの議論があったし、司牧の方法としてラテン・アメリカの教会で開始されたことが教会権威の最高レベルから支持されていたのも真実だ。これは、十年このかた真実である。しかし貧しい者たちの優遇的選択と、その選択に伴う教会のあり方の司牧的理解を公的に認めるには、なされなければならない多くのことがあった。教会がその進むべき方向を見つけることができるなら、それは疑いなく神の恵みによる奇跡である。だが教会がその選択を実行し、教会が自ら見つけた、進むべき方向へと司牧的にたどることは、桁の違う大きさの恵みによる奇跡である。

ここでの問題は、司牧の行いと、その行いの背後に何世紀にもわたる組織的な重みがあるという思い込みを逆転させることである。この逆転はすぐ、たやすく起こることはない。実際われわれの世界的教会制度の中では、基本となる教会共同体が発展する中で貧者の優遇的選択を実施することに関わるという、教会の現実の変容に踏み出した教会はほとんどない。こうした視点では、D. O. P. I. M. の若い教区でこうした共同体がかなりの程度成立してきたことは、失望ではなく本当に喜ばしいことの根拠なのである。

私は次の神学的考察でさらに励みになることを述べたいと思う。われわれが神を正しく捉えるなら、この世界で神がおられるところを見て、この世界で神がどのように働いておられるかを見るなら、それに対してどのように応えるべきか知るための道の大半を歩んでいるのだ。神が歴史の中でなさっていることが見えないなら、どのような霊性も働くことはできないだろう。

われわれの救いは、歴史の中で働いている神秘のダイナミクスの中に取り込まれていくことにある。人と人の間の関係を通してこそ、共に生きることが人間の善の要素と直接つながる。御父の愛は、イエスの到来における人としての御子に向けられる。われわれに救いをもたらすため、神はわれわれの孤独を癒やすとともに、秩序という人間の善を変容させ、有限だが超自然の秩序という善へと統合しなければならない。そこで次に来ることは二つの主要部分になるが、その分け方は強調されるものではない。まず歴史の中で神がなされることを聖書の言葉から省察し、次に神の歴史の中の行いへの応えとして仕えるべき完全な人間の善の形について詳細に論述する。

注

（1）フィリピンのカトリック教会でかなりの部分が段階的に急進化した詳細は、一時的な文書でしか見られない。フィリピン国外の読者はブリュッセルのプロ・ムンディ・ヴィタが広めている、入手しやすい会報や関係書類を熟読することで教会状況の経過についてある程度感触を得ることができるだろう。まず一九七〇年の広報『フィリピン』第30号から始めて、次にアジア――オーストラリア・ファイル第4号『フィリピン――戒厳令下の五年間』（一九七七）、第17号『フィリピンの教会と国家』（一九八一）、第21号『人々の活動』（一九八二）、第23号『権威主義と開発』（一九八二）、第34号『現地の教会と闘争的信徒の参加』（一九八五）、第37・38号『民衆の力とキロワット――フィリピンの終わらない革命』（一九八六）がある。一九六五年から一九八〇年代半ばのフィリピンの教会急進化についてバランスの取れた概観は、パリグ・ディガン著『教会論争――アジアのキリスト者による社会抗議行動』（ニューヨーク、オルビス・ブックス、一九八四）があり、特に106–119ページ参照。戒厳令下の最初の三年間における教会と国家の関係についてはデビッド・A・ローゼンバーグ編『マルコスとフィリピンの戒厳令』（イサカ、コーネル大学出版局、一九八九）付録13で、この中の五つの章は教会の変わる立場の背景をよく描いている。参考となる背景説明はアルフレッド・W・マッコイ著『試練にある司祭たち』（リングウッド、オーストラリア、ペンギンブックス、一九八四）と彼の寄稿するマッコイ／デ・ヘスス編『フィリピンの社会歴史』（マニラ、アテネオ・デ・マニラ大学出版局、一九八六）にもある。一九八六年二月の出来事「マルコス失脚とコラソン・アキノ大統領誕生」への教会関与を分析したのはアレヴァロ、ランビーノ、キャロル他著『フィリピン革命の「奇跡」――学際的考察』（マニラ、ロヨラ・ハウス研究所、一九八六）。どちらかと言えば批判的評価と言えるのが、バトゥン、バウティスタ編『宗教と社会――闘争の神学へと向かって』（マニラ、FIDES、一九八八）、79–106ページ。

（2）簡単に要約した議論としては拙著『死の前の生』（ケソン・シティ、クレアシャン出版、一九八六）、第二–三章がある。また最近ではサミール・アミン著『周縁地域での民主主義と国家戦略』（「季刊第三世界」第9巻第4号、一九八七年十月、1129–1156ページ）。アミンは周縁の国家で民主主義のために支払うべき代価は、「国家ブルジョワジー」プロジェクトを放棄して「民衆のための国」プロジェクトを選ぶことだと論ずる。

(3) 言及するドーランの主著は『精神の回心と神学的基礎——人間科学の方向転換を目指して』(チコ、カリフォルニア、スカラーズ・プレス、一九八二)、『苦しむ僕であることとその価値基準』(「ロナガン・ワークショップ」第4巻41-67、一九八三)、『国際都市のための教育』(「メソッド——ジャーナル・オブ・ロナガン・スタディーズ」第1巻第2号137-157ページ)、『精神の回心から共同体の弁証法へ』(「ロナガン・ワークショップ」第6巻85-106ページ)。またダレル・J・ファッシング『神学と公共政策——セグンド、エリュール、ドーランの研究の方法』(「メソッド」第5巻第1号、一九八七年三月、41-91ページ)も参照のこと。

(4) フランソワ・ウタール他『アジアの宗教と発展——キリスト教的省察をもった社会学的アプローチ』(バギオ、FERES、一九七六)。

(5) 「サウス」一九八七年十月、97ページ。リチャード・フォークCp.著『危険と闘争の世界における平和と正義への糸口』(IFDAドシエ62、一九八七年十二月、17-36ページ)。

(6) 全体の展開について有益な分析調査は、ポール・サーリス『教皇教導権における社会正義とインカルチュレーションの関係』ITQ第52巻第4号、参照。

(7) イヌイットとオーストラリア先住民が恐らく例外の可能性があった。彼らはこうした方向での最近の試みの契機となり、狙いとされるところを正確に知るための、文化的一貫性が依然として保全されていた。

（8）例えば、ヨン・ソブリノ『岐路にあるキリスト論』（ニューヨーク、オルビス・ブックス）221－222、349－350、370ページ。

（9）A・フィエーロ『闘争的福音』。

（10）『聖パウロのヒューマニスト・キリスト論』（ニューヨーク、オルビス・ブックス）145－182ページ。

第一章　われらのための神秘

神のもとにある人間社会・失敗したイスラエルのプロジェクト・僕《しもべ》

歴史の中の神の行いについて洞察を得るために聖書を見ることにする。誰でも聖書物語の流れに親しんでいる。これらの物語を理解するために何より必要なのは、支配的力に治められるものとしての世界の感覚であろう。支配的力は帝国主義的力である。それは人々を振り回し、敵を排除する力で、自らを偉大で畏れるべき存在と主張する力である。帝国主義論理の中心であり、世界は人々の記憶する限りこの論理で形づくられてきた。

出エジプト

この物語は帝国主義的力による犠牲者、エジプトで抑圧された人々で始まる。神は彼らの解放を意図する者として発見される。そしてこの神は帝国主義的秩序から脱出する動きの中に発見される。どこへの脱出か。それが問題だった。脱出してたどり着くのはもちろん砂漠である。砂漠では何が起きているのか分からない。道しるべもない。自分で考えなければならないリスクがある。方向を選択しなければならない。これが自由のリスクで、人々は世界をどう形成するか代わりの方法について責任を取らなければならない。出エジプト記のほとんど全ページで見つかるのは、人々がこの召し出しの受け入れには不本意であることを堂々と表す記述である。帝国主義的な抑圧的で死も免れさせぬ力と、帝国が疑いなく用意した奴隷の慰めに対して、内面化された偏見を克服する莫大な創造性が求められる。つまりエジプトの歓楽への帰還というテーマである。

軌跡

最近の研究(1)では紀元前一二五〇年から一〇〇〇年までの期間をこの民族が最もうまく代わりのやり方で社会を組織した時期と見る。しかしこの当初の時期の約束が何であれ、続くことはなかった。失敗したイスラエルのプロジェクトの形は、帝国主義的力の反転だった。解放する神の下で社会を形づくるよう奮闘する代わりに、人々は周囲の各社会の闘争的構造を模倣する誘惑に負けてしまった。神の民は確かに力ある民とされた。それはダビデでひどい始まり方をして、次第にさらに悪くなる物語である。その民族は民衆にとっては結果的に悲惨を伴うような力の同盟の継続に民族を縛り付けてしまう。すでにダビデ朝の下で抑圧は制度化されていた。ソロモンの頃には、民衆の奴隷化の意味でエジプトでの時代を喚起する状況だった。しかしこの奴隷化は、今や民族の安全保障と国家強化に益するものであった。

預言者たちはその運命の堕落に関心を向けた。(2) しかしその過程は容赦なかった。紀元前六世紀にまったくの崩壊が起こり、人々は無条件の奴隷状態に戻されてしまった。今度はエジプトではなくバビロンだった。事態は繰り返して元に戻ったようだった。

しかしそのように言ってしまうことは、物語の一番重要な側面を無視することだった。その側面とは、この民族がゆっくりと痛みを感じつつ、歴史の中で神に対するということはどういう意味かを把握するようになったという学びのプロセスである。自分たちが自由でいるためには絶え間ない努力を要することを学んだ。特に、死に至らしめるような帝国主義的力を目指す文化的偏見に向かって抵抗しおおせるためには、莫大な創造性が必要である。そのような莫大な努力は可能とは見えなかった。この苦境から出てきたのが、歴史の中の神とはどのような存在かについての新しい驚くべき理解だった。

僕

バビロン捕囚の間、第二イザヤと呼ばれる名前の分からない詩人が、「苦しむ僕の歌」とされる一連の詩の中でこの新しく驚くべき展望について述べた。この詩は人類の文学の中で比類ないものである。僕とは、歴史の中の神に向かう者の姿である。帝国主義的力の行き詰まる政治とは反対に、僕は悪をもって悪に対することを拒絶する。僕はその考えられないことをする。前進する道とは民族が歴史的悪を身に引き受け好転させることであることを彼は示す。その代償は人々の顔を僕の出現から顔をそむけさせることになった。

問題なのはまさに悪の神秘に対する神の解決法である。歴史の悪の不思議には神の解決法が確かにあり、教会がそれを把握することは極めて重要である。それができないと、人々は自分たちの精神面をランボー［米映画の破壊的ヒーロー］のようなイメージの破壊的全能幻想の中で増強させるだけで、どこにも導かれなくなる。精神的資源、それはわれわれをいのちに向けて、そしていのちにおいて方向づけるイメージであり、われわれの創造性の限界を形成する。自ら破壊的報復モデルを糧とするなら、自分たちが憎むものの論理に永遠に囚われることになる。それはわれわれの憎むものになることである。

しかし、神がわれわれにとってどういう存在かという中心的啓示を真剣に考えることは容易ではない。この同じ神が、人々を歴史の中の神秘に向かうよう招いている。神の解決法の形は、報復で返すことなく悪を吸収する包容力である。これが歴史の中の神の真理である。宇宙の最も深い真理としては、前進する唯一の道である。それ以外、人々のためにも世界にも希望はありえない。誰かがこれを信じなければならない。僕の歌は神に召し出された民族がこの役割の中で自分たちの運命を見つけるよう示唆する。教会が存在するのは歴史的悪に対するこの神の解決法を具現化するためだけである。

帝国の論理の下では、人々は自分たちの敵すべてを滅ぼす神の姿を受け入れていた。人々が明白に、あるいは暗に、そのような神の姿をどれほど変わらず受け入れているかを甘く見ては誤りになる。人々の敵が誰かを見定めて殺せばよい、そうすれば良い社会を築き始められる。そのような立場は、神がわれわれの世界でしようとしていること、つまりユダヤ–キリスト教の中心的な啓示から支援を得ることは一切ない。(民を象徴する)僕は、帝国の敵対する勢力同士が形づくる世界の中で、自らの務めを遂行しなければならない。それこそがまさに彼の務めをわれわれには信じがたいものにしている。僕の使命は悪が滅ぼされた世界で生き抜いていくことではない。悪があり続ける世界で生き抜いていくことである。もし、僕にこのような状況下で使命を果たす覚悟がないなら、歴史的な救済はまったくなくなるだろう。だから僕の歌は、嘲《あざけ》りにさらされる僕を示すのだ。僕は滑稽《こっけい》で哀れなばからしい存在として見なされる。なぜなら、われわれの文化で人間的意味があるとされるカテゴリーでは、僕が召し出されて行うようなことはばかばかしく、僕自身の苦難と死に関わることだからである。神の驚くべき、いのちを与える真理は、そのような文化を覆そうという僕の歌のあり方に明らかである。人々は、他の代わりとなって受けるこの苦難の物語に待望される自身の癒やしのダイナミクスを認めるのである。死ではなく、いのちのためだけにこらえる僕は人々の敵意を非難せず悪をもっての報復を拒否するが、その僕の生き方において、人々はいのちのための場所、つまり平和のための場所が誰に対しても開かれることを知った。しかし僕の歌のその真理を認めることがあっても、僕の歌は歌のままだった。それを歌う歌い手は足りなかったのだ。

イエス

僕の歌にいのちを与える神の真理を認めても、この真理をどのように実現するか分からないまま、人々は自分たちの伝統の中の貴重な部分である、やっと手にした洞察力を持ち続けていた。それはヘブライ語聖書の一部、少数の者にとって最も大事なものとなった。イエス来臨の意義は、彼が僕の歌に血肉を与えたことだ。聖書のハイライトは第二イザヤに見つけるべきという上記の主張の言いたいのは、イエスは新しいメッセージをもたらしたというものではなく、新しいメッセージを実現したということだ。イエスだけが僕の歌を歌うことができ、それをわれわれにとって信じられる真理とすることができた。歴史の中の神秘に対する真の信仰は、僕の務めを果たすことのできるただ一人の者において示されている。

教会

このキリスト論に従うと、教会はこの世で僕の道をたどることを選んだ民のからだにすぎない。教会は、いのちのために進んで苦しむ者たちの歴史のうちにある動きであり、悪と不正に直面していく——どんな敵対者があっても、僕は自分の顔を決してそむけないからである——正義が地上に確立するまでは。

明らかになっている公的教えでは、正義を支持することが福音宣教を構成する一つの側面であると、教会は一九七一年まで述べたことがなかった。それを明らかに述べることの意味はあまりに大きいので、広範な教会組織の中でまだ試されているところである。いのちへの歴史的な不正に対抗する人々から離れたところでキリスト教はありえないし、救いもありえない、真のキリスト教共同体もありえない。悪のすべてをよそにいのちを助けるためにもがく神秘であるイエス、彼において開かれた神をわれわれが信じるようになるなら、もしわれわれが、この世においてこの世のために神のおられるところに立つ覚悟があるなら、次の重要な問題はわれわれの世界のどこで、そしていかに、いのちが脅威にさらされているのかを明確にすることであろう。

神の世にある有効性

罪深い世にあっていのちのために戦うなら、何が有効かについてわれわれの通常の意味の理解に革命的変化がある。いのちの神への信仰によって生きることは、歴史的結果がどうであれ、正しいことをすることである。何か別の神の信仰に生きる場合、うまくいきそうに見えれば正しいことをする。イエスの生涯に反映されている歴史の中での神の行為の有効性は、われわれにとって、日常の意味の有効性ではほとんど計ることはない。このことはローランド・ジョフィ監督の映画『ミッション』(一九八六)に心を打つ描かれ方をしている。そのドラマの緊張は歴史のジレンマに対する答えを引き起こす。パラグアイの伝道所を有するイエズス会士たちは、先住民グアラニー族を奴隷制度から守るという方針に固執するとイエズス会へのヨーロッパでの弾圧につながると警告される。弾圧は将来誰も助けることができなくなり、将来どこの人々に対しても有効に働くことができないことを意味する。ポルトガル人とスペイン人はグアラニー族を奴隷として使いたいという思いでまったく一致していた。イエズス会が生き残るためには、イエズス会士たちが仕えたいと奮闘していた人々を犠牲にしなくてはならなかった。

歴史のアイロニーは、貧しい者たちを犠牲にしたことで、イエズス会士たちが回避しようとしていた事態がどのみち起きてしまったことだ。ご都合主義の論理に従うことは貧しい者たちを救わず、イエズス会は弾圧された。イエズス会士たちの行いは彼ら自身の運命を左右しなかった。虐殺され奴隷にされたグアラニー族の運命には甚大《じんだい》な影響をもたらした。

そこで問題は、神の世界で本当に有効なことを見極めることである。神秘の僕であるイエスの行為に注意を向けると、有効なことはたとえ死に直面していてもいのちを促進することなのが分かる。この点に達するのはたいへん重要だが、探求の目的ではない。さらに開かれる必要があるのは「いのちの促進」という語句に込められたことだ。いのちがどのように促進されるべきか判断することはたやすく自明であるように見え、実際にそうであることは多い。例えば人の痛みや欠乏といった個別のケースが眼前にある場合だ。しかし真に広範な規模でのいのちの破壊が、構造的な決定要因に帰するとき、それらにどのように対抗するかを知るのは易しくもないし明らかでもない。それには、人間の善の説明モデルが必要である。あらゆる歴史的状況下でわれわれをいのちの促進へと駆り立てることができるモデルである。(3)

ここまでの議論を要約してみよう。僕の道をたどること、この世の癒やしのための神の贖いの行いに参与することは、善をもって悪を克服するよう学ぶことである。敵を愛することは疑いなく福音メッセージの中心である。それこそ教会という活動にアイデンティティーを与えるものである。だが悪を悪で返さないようにできる唯一のものは、耐え忍ばれる悪以外に焦点を置くことで維持される。われわれの焦点が歴史的悪なら、われわれの反対するもののために必ず腐敗する。そしてわれわれは自分で憎む者になる。これを回避する唯一の方法がある。苦闘の焦点は、克服されるべき敵でなく、戦うべき悪でもない。促進されるべき善である。

僕の道を歩むことができるのは、いのちがどうあるべきかという展望が育む精神的エネルギーをもつ人々だけ、いのちへの奮闘の中で何であれ実際に支えていけるという展望を愛し抜く人々だけである。

注

（1）N・ゴットワルト『ヤハウェの部族たち』（ニューヨーク、オルビス・ブックス、一九七九）参照。
（2）ある重要な点で預言者たちが、教会であることの古いモデルと呼ばれるものに属していることに注意したい。預言者たちは王に話しかける。まず人々に向かって自分たちの運命を取り戻すよう促したり話しかけることはない。預言者自身、それほど文化的に権力構造の文化の一部になっているので、制度批判にしても、それ自身が映し出されるようにする。われわれ司祭は預言者と共通の傾向がある。われわれの介入様式は解放の切望される目標とは矛盾する。

（3）ちなみに、人間の善の説明モデルは回答を用意するものではない。回答が分かっていると主張するのはイデオロギーに特徴的なことである。教会は人々が自分で得られなかった回答は得ていない。教会が存在して促進するのは、人々が正しい回答を創造できるようにさせるダイナミクスである。

第二章　神に向かうこと

完全な人間の善を促進する

いのちを助けることで歴史の中の悪を克服する神に向かいたいという願いから、いのちを助けるものはいったい何かをわれわれは調べることになる。その回答は決して明白ではなく、それが第一章を有効性の問題を掲げることで締めくくった理由である。マキャベリ以降[1]西側世界での政治思想と実践は有用性に支配されてきた。有用性を算定すれば、道徳的に正しいことをする有効性に関しては失望が表される。何世紀にもわたるそのような実践面の落胆は、捨て去ることが難しい遺産を伝えてきた。悪は善を促進することで克服されるべきであるという考えは、悪の支配する条件によって悪に応えることに専念してきた世界ではほとんど理解できない。

しかし福音が禁止する命令を受け入れても、われわれはいったいいいのちを促進するものは何かを見定める課題に直面している。人間の善は価値の多くのレベルから成り立っている。どの一つのレベルも、もしくはすべてのレベルであっても、われわれの探求への答えなしに記述できるかもしれない。必要なのは、人間の善の説明のための土台である。それは、内的関係によってそれとなく規定された構造としての人間の善の複雑さを理解することである。記述から説明へのこの動きによってのみ、完全な人間の善の中において、価値レベル各層が互いにどう関係するか理解することができる。

価値の基準

人間の善の複雑性は、九段階の価値関与のためである。段階数を多く感じるだろうが、簡単な図を示して各段階の名称を挙げる。

九段階
人間の善の構造

- 宗教的
- 個人的
- 文化的
  - 上部構造的
  - ……………
  - 基礎構造的
- 社会的
  - 政治的
  - 経済的
  - 技術的
- 命に関する
- 動物に関する

上から
条件付けと
実施可能性

植物に関する

化学的

物質的

下から
差別化と
創造性

段階間の真の動きは個人的関係を通してのみ起こる

ひとつのレベルでの真正は次に高次のレベルでの真正性を要求する

物質的価値

現時点で、私は図の中に必要以上のデータを紛れ込ませているが、読者のため出発点を準備するという利点がある。もし「差別化と創造性は下から上へと向かう」のが正しいなら、価値の「一番下の」段階が始めるのに適切な場所となる。そしてこの最初の段階の発見と把握は重要である。人間とは、宇宙の出現プロセスが意識に達する箇所である。つまり、われわれは何者かということが宇宙の意識なのである。われわれ自身と、出現した宇宙の二〇〇億年の物語が同じものと見なせないなら、人間の善に限りなく接近するのは不可能なままである。完全な人間の善に向かう際のまさに最初の一歩は、われわれの根本の真理である宇宙の物語と調和し、それを称えることである。この一歩はあたりまえのことではない。これまでかなりの期間、われわれの多くは大量消費・生産の価値を生きてきたが、その価値はわれわれの地上では単純に持続可能ではない。われわれの自己理解は宇宙の犠牲のもとにあったのだ。われわれが厄介な状態にあるのは不思議ではない。客観的に見て、われわれの生き方は地球に属することを否定し、限界ある人間の条件を受け入れることを拒否している。これはわれわれに当然あるはずの霊性を損なうものだ。

化学的価値

一つの星が超新星と呼ばれる、一生を終える爆発を起こすとき、周期表の非人造元素すべてが作られる。その価値基準でわれわれ自身を考察することは、出現する宇宙の真理をわれわれ自身の真実として受け入れるというチャレンジに再び会うことである。われわれの地球は四十億年ほどの年齢と言われている。生物の形で現れたものは、化学プロセスの絶妙のバランスの実現としてあるレベルで理解される。出現する生物プロセスの中心は、化学的要素の媒介となる組み合わせの決定だった。このような媒介となる組み合わせでは、ほとんどの要素が生命のプロセスに入ってきた。われわれが毒と呼ぶものは、時間をかけて実証された適合性から外れている組み合わせ——あるいは独立した要素——である。このバランスの繊細さを尊重できなければ、有機的に媒介された元素化合物だけが人間の真の食物になる資格があることに気づくことはない。自然は人間をグルタミン酸ナトリウムで養ったりはしないのだ。もしそれを自分で摂取するなら、その人はうつ病になってしまっても驚くべきではない。われわれの食べる物は——運動をするにしても——われわれの感情面を左右する。もっと基本的なのは、あらゆる生き物が空気と水と太陽の光に依存していることだ。これらが毒されたら、すべてのいのちに毒を盛ることになる。

植物的価値

われわれの星、地球の出現の物語では、ブレークスルーの各段階で生物の次のレベルの基礎が置かれている。生物の最もすぐれた実験工房は確かに熱帯雨林で、われわれの地球の生物を保存し高めるために必要なデータの大部分がこれらの森林にあることを疑う研究者はほとんどいない。しかし現在、そのような森林は保存によって守られる真の豊かさに目をつぶった、信じられないほど鈍感で近視眼的な商業的価値のために取り返しのつかないほど破壊されている。現代の生存の問題は、核兵器による死滅ではなく森林保存の問題としてますます認識されるようになっていく。森林破壊が現在のペースで続けば、核のボタンを押すよりはるか以前にすべてのいのちに終わりがもたらされる。中米とアマゾン川流域の熱帯雨林破壊を止めようと言うなら、米国の人々はハンバーガー中毒を変えなければならないだろう。ちょうど日本とヨーロッパの人々がより基本的ないのちの価値を尊重して、広葉樹ベニヤ板に美的喜びを見いださなければならないのと同じだろう。つい二十年前までミンダナオの自給自足の部族には、自分たちの焼き畑や庭での自己栽培・飼育で得る四十二種以上の食品を有する者がいた。森での狩猟採集により、彼らはさらに六十二種以上の野生の食物を得た(2)。世界中の市場圧力のために、すぐれた農業分野の才能がこれまで開発してきた食品の驚くべき多様性がわれわれの世代で確かに消滅しようとしている。見てくれと品質保持期間という市場規格に適合した種類の食品だけが商品として売られる。だが優良で新鮮な食品は長期保存という基準からは望みが消える。そこで人々は防腐剤を使った食品の購入を促される。防腐剤は化学的添加物で、出現してきた植物生態の何十億年にわたる実験においてその出る幕はない。そのように化学的処理を経た「商品」が、人間の化学的構成にもたらす影響について深刻な懸念が生じる理由がある。

すでにミンダナオ各地で人々は伐採の影響を見て、森林保護の立場を取っている。激しい洪水を経験し、原因が森林面積の喪失であることを突き止めている。高地の森林は豪雨を「スポンジ」のように吸収し、徐々に低地で放つ。森林破壊は貴重な表土に壊滅的影響を与える。熱帯地域の生態がもつ豊かな繁殖力は見せかけになってしまうことになる。そのような生態では、種まき後四十八時間以内に何らかのいのちのサインが出現する。対照的に温帯地域ではいのちのサインを何週間も待たなくてはならない。この驚くべき現象のため熱帯の繁殖力は無尽蔵ではないかと人々に想像させる。それは危ない幻想である。マックダナが強調するように(3)地質学的に見てフィリピンは新しい国で、その生態はより古い地質構成の土地と比較すれば脆《ぜい》弱《じゃく》なのである。ヨーロッパ人による略奪以前、北米の中央大平原は土地に関しては地球上で最も豊饒《ほうじょう》な場所で、表土の深さは十六フィートもあった。フィリピンで十六フィートの深さの表土などという話はめったにない。北米で過去一世紀用いた農耕方法のため土壌の豊かさの半分は失われ、残り半分を守るために緊急対策が現在取られるのみである。明らかに農業ビジネス方式の生産方法導入はフィリピンとその人々の死をもたらすだろう。侵食の他にも土壌は無機化学肥料や農薬汚染、過剰な灌漑《かんがい》のもたらす塩性化によってその肥沃さを失うことがある。

この価値レベルで獲得するべき人間の善へのさらに重要な洞察は、植物種の多様性に関連している。限定的問題としては商業的に生産性の高い交配種が好まれるために地元原産の種《たね》の種類の滅亡・喪失が起きることである。高収量作物の種の脆弱性はよく知られているし、次世代で同じ特質を維持していかない。大きな問題としては、過酷な天候条件の下で何百万年もかけて自然が行った、生存可能かどうかの決定的実験を無にしてしまうことであり、熱帯雨林の壊滅と関わる。食糧に関して、われわれは気候的に非常に脆弱な交配種に依存することで世界を危機の可能性にさらし、それと同時に生き残った植物野生種の遺伝子プールを破壊していることになる。

動物学的価値

多くの人は、生き物の美しさは生物種の多種多様性に由来するという事実を知っている。いのちの美しさと、生の真理は一致している。生はただいのちの網としてのみ現れる。共生によってしか生存することのできない、互いにつながるいのちの形なのである。われわれはどれほど多くの「生物の」種が存在するのか正確には分かっていない。しかし余分な種というものはないということを知っている。種というものは一度だけ出現することも知っており、一つの種が絶滅したならそれは永遠に失われる。生の出現するプロセスは逆戻りできない。

美は種の間のバランスにおいてある。過剰に増殖した種は恐怖の的となる。サイエンスフィクション［ＳＦ］映画がこうした事柄で満ちているのは、われわれの潜在意識の奥底にそのような感覚があることを示している。出現する生を左右する抑制と均衡（チェックアンドバランス）の働きによってのみ、生が美しいまま存続する。そうした抑制をすべて取り去ったら、一つのウイルスがあっという間に増殖して二十四時間以内に月にまで達してしまうかもしれない。動植物の生息環境を破壊することによって、われわれは二十世紀の十年ごとに加速する割合で種を滅ぼしている。これが人間の生を持続させることにとって何を意味するか誰も分からない。いのちの網の破壊が遅かれ早かれ人間の生の終焉を意味することは誰もが分かっている。いのちのあらゆる形——すべては互いにつながっている——の現れを崇敬することは、われわれの生存の条件である。われわれがいのちへと出現する可能性と、地球というこの星で存在し続けることを支える根拠を構成しているあらゆる被造物を人間以上に抱きしめるいのちをわれわれが尊重するなら、われわれにできるのは真に人間的なやり方でお互いにつながろうと望むことだけである。

われわれは動物に対して人間との相違点や優越性を強調しがちである。もちろん相違点はある。創世記によれば人間は他の動物すべてに名前を付ける動物である。しかしその内容をよく見る必要がある。人間の使命と尊厳はいったい何によるものか。人々は全世界に何を加えるというのか。まさにこれ、全世界が自らと向き合うということである。いのちのプロセス全体の不思議さ、つまりあらゆることの無意識の恵みを享受して深く味わうために、われわれは存在している。残念なことに、われわれは意識をもつようになった世界そのものであるのに、世界に反抗する意識になっているように見える。助けて育てるのでなく、略奪する方を選んでしまっているのだ。

いのちに不可欠な価値

いのちに不可欠な価値は、健康と体力、恵みと活力の価値であるから良い食物、住まい、適切な養育によって促進される。しかし良い食物を構成するものは、これまで考察した生態的価値レベルを通してしか理解できない。いのちのこのレベルでなければ人間は直接はっきり見えるようにならないのだが、間接的には先行して考察したレベルすべてで見えていたことははっきりしている。ここまでわれわれが考察してきたのは確かに不可欠な人間の善のレベルであるのは確かである。

いのちに不可欠な価値に適合することが人間の善の価値のさらに上のレベルすべての基礎になっていると把握するには優れた洞察力は必要ない。食べ物がなければ人は死ぬが、今の世界で莫大な数の人々は食糧がないか、不十分な栄養しか得ていない。その理由はいのちに不可欠な価値のレベルで理解すべきでない。それは死の計画になってしまっている世界の統治者たちの計画と関わっている。価値基準の初めの方のレベルを考察することで、この悪の人間に先立つ次元に注目してきた。人間の段階では貧困層、つまり地に呪われたる者（ファノンの著書名）が創造されるところにこの悪は姿を現す。

死ぬことの他に不十分な食物供給がもたらすのは、能力低下を伴う人間の出現である。人間家族の未来は、何億人もの子どもたちの栄養不良によって、今日われわれの世界のどこであってもプログラム化されている。そのような未来のもつ意味は恐ろしい。未来の人類は必要となる創造性に頼ることができなくなる。人的資源がその幼少期に取り返しのつかないほど損なわれるためである。世界の子どもたちに十分食べさせることができないという現在の失敗の代償をあらゆる人が負うことになる。成人ならかなり長い期間でも飢餓に近いレベルの状態を持続させることができるし、そこからの回復もできる。子どもは成長の初期段階で四十八時間でも必要な食物を奪われると、ダメージの永続するプロセスが始まってしまうことになる。恒常的な栄養不良の影響は人生の先の段階で修復することはできない。死がとる形は多様で、ゆっくりとしたものもある。食糧は入手可能であるのだから、人間の死の計画を見るだけで、われわれの状況を理解することができる。

基準の中で価値の各レベルはその実現のために、それぞれその次に高いレベルの真正さに依存している。価値基準の上にも下にも相互の調整がある。そこで次に社会的価値を論ずる。

社会的価値

社会的価値はシステムの秩序の価値である。人々は社会的存在で、その反復して生じるニーズは、秩序の善を人間が促進することでのみ満たされる。しかし秩序の善を促進することは相互に関連する多重なシステムに関わる。社会的価値は、科学技術システム、経済システム、政治・法システムの価値に分化される。大事な留意点は、秩序の善が満たされるべき、人間の生に不可欠な、反復するニーズに言及することで定義されるということである。

a．科学技術的価値　道具を要する人間には科学技術が常に必要となる。一見、科学技術の問題は熟考するメリットがほとんど無いように思えるが、道具の問題としてしまうからだ。ここで見落としているのは、所与の技術がわれわれの世界と精神にもたらす構造化の影響に関してなのである。今や科学技術は人類を取り囲み、人類のうちで影響を重ねる。正確に言うと、われわれは科学技術の時代に生きている。「機械崇拝」[4]は現代のあらゆる危機状況への答えとして「科学技術による修正」に優位を与える。現代科学技術の発展によって莫大な力が高められたが、そうした過程を組織する者、つまり権力者の手に必然的に集中する力である。それは民衆に対抗する形をもつことは避けがたい。ある土地の人々にとって自分ではどうしようもできないところで働く科学技術は、その人々の創造する能力を弱らせる。科学技術が人々に仕えるのでなく、人々が科学技術に仕えることになる。このように考察するとき、科学技術的価値をわれわれは価値のさらに高いレベルの基礎として見ている。だが何が合理的な科学技術で何がそうでないかの判断を可能にするためには、価値基準の最初の四つのレベルにも気をつけなければならない。現代の生態破壊の速度は、機械的反復とともに始まる腐敗と直接関係している。機械的反復とは、地球とそこに住む人々の健康と幸せにとって最も破壊的となってしまっている、まさにその事柄を繰り返し行う能力で、それは極めて重要な能力とされているのである。適切な科学技術的価値を実現することは、現代の未解決の課題である。

b．経済的価値　ここで問題とするシステムの価値は、生産と流通の秩序の価値のことで、全人口の生に不可欠なニーズが持続・反復するやり方で確実に満たされることである。人口の一部のニーズしか満たさない経済システムは経済的価値を実現できないし、失敗と判断される。経済的価値は生に不可欠な価値との関連で定義される。利益や価格、市場勢力の観点からは定義されない。

明らかに、ここでは規範的定義が関わる。われわれはこの世界で実際に機能しているものを説明しているのではない。人間の不可欠な善に向かう洞察力だけが――各レベルがどのように相互に関連するのかという点で――この世界の誤りを独創的に批評・理解することを可能にする。無条件の目標としての利益最大化は、人間の善に反する生産方法を必然的に技術面から選択することになる。世界中で小規模農家を立ち退かせている大規模農業は、農業文化とは言えない。農業破壊である。このように実施される産業化は地球上で持続可能な選択とは言えない。支配的世界システムとたもとを分かつことは周辺状況の小さな国々すべての優先事項だ。支配的システムのルールに従って行動し続けることは大多数の周辺国にとって死を意味する。それぞれの地域でその人口に食糧を供給できる、生物学的に自給自足・持続可能な地域を築くことに集中する生物的地域主義こそ、未来に向けて唯一の実行可能な戦略である。

c．政治的価値　前項の最後の数行ですでに政治システムの価値は暗示されている。生産流通の経済システムは機械的だ。あらゆる種類の要因が経済システムの働きに急激に影響を及ぼすことがありうる。天候のような見極められないものさえある。政治的価値とは、変動する状況の中で経済システムが持続反復する方法で全人口の生存のためのニーズを確実に満たし続けるシステムの価値である。経済的価値の意味は経済学のうちには見つからないように、政治システムの価値も他の価値レベルとの関係を通して定義されるものだ。経済的価値の場合と同様、われわれの規範的定義とこの世界で実際に生じることとのギャップはあまりにも明白である。人口全体の生存に関わる価値を満たすために政治秩序が経済秩序を支配するが、その代わりに、経済的利害関係者は政治を用いて自分たちの利益を助長しようとする。このギャップの本質については、次に高次な価値レベルである文化的価値の発展の項で意見を述べる。

文化的価値

人間の不可欠な善を明らかにするために展開している説明のための定義と、日常談話で同じ用語がもつ意味の違いについて、私の話のこの段階では読者はもう慣れてこられただろう。言葉の日常の意味は、社会の中で実際に実現されている意味内容を明らかにする。日常の使い方では「文化的」とされることは明らかに周縁的位置にある。文化の重要性が強調されたとしても限定的習慣・慣習への言及と見なされる。人が「文化的事物」について話すとき、現実の中で異なる（より高い）と思われる序列の非文化的事物があるという意味合いが含まれる。われわれが話すことは、文化的プロセスが社会の中心から立ち退かされていることを反映している。

現実世界との橋渡しをしながら人間は意味を創造するが、文化的価値はそうした意味の与える世界を持つ人間において実現される。人類は多様な文化に存在する。これは何を意味するか。それは人間であることの豊かさと現実性が、膨大な創造による達成成果が多様多重に現れていることを指す。しかもその創造による達成の一つ一つはユニークでかけがえのないもので、そのおかげで宇宙の当然とされる事柄が世界の重要性に変化する。

しかし物事とわれわれの理解のこうした方法は豊かになる可能性として受け入れられない。産業・大量消費文化の圧倒的推進力の下では、他のどんな方法も「原始的」で「同族意識的」「古めかしい」とされるか、他の方法の抑圧を正当化し、存在する権利を否定する言葉でおとしめられる。経済的世界システムの単一文化的帝国主義の力が諸民族の人間性を荒廃させ続ける。最も深い意味におけるプロセスである諸民族の文化を破壊せずにいられない——民族が自分たちのために望ましいのは何か、真に意味のあることは何かを考慮・決定するプロセスのことである。文化的プロセスのこの真の意味こそ、市場勢力で統治される世界では促進されることはありえない。

一つの民族が自らの運命を決定する権利は、確かにその民族の自由にとって不可欠である。自らの運命を決定することが制限され、他民族と同じ方法で消費行動する権利になってしまえば、自由は曲解されたことになる。自分たちを一つの民族として尊重してほしいという要求が、他民族と同様になることで彼らに受け入れられることを意味するなら、もう真の民族主義の意味は分からない。しかし十九―二十世紀の革命理論のすべてにこの失敗は共通している。解放プロセスにおける文化の中心性の真価を認めることができないという失敗である。この革命理論の理解には、経済と政治の悪に対して有する偏見を把握することがかぎとなる。この偏見は無理もないが、見逃してよいものではない。その理論は、現代の世界システム下の社会において経済システムによって政治システムを逆転させることに集中している。起こりつつあるもう一つの逆転がなければ政治転換は起こりえなかったのに、そこに注意を向けることができていない。それは文化の転換である。人間世界では、人々が政治システムを使って自分たちの世界の経済システムの形についての決定を調停するよう要求する。価値基準の二重の転換が意味するのは、経済的利益を持つ者が政治システムを行使して、人々に必要なのはまさに経済システムが産出するものだと思わせることだ。そう思わせるのに失敗すれば、政治システムによる人々の抑圧につながり、その行為は「国家安全保障」の名分を発動することで正当化される。抑圧的政治権力に直面すると、政治権力の奪取こそ適切な戦略にちがいないと考える者が出ても無理はない。しかし支配装置を奪取するにしてもその勝利は常に過大な犠牲を払うことになり、不健全な傾向を受け継ぐことになる。国民を擁護すると主張する政党なのに人間の善の中心になること、つまり自由のための文化的活動を助けることができないでいる。

レーニンの「何をなすべきか」という問いへの答えはこれだ。人々の判断力・決断力の回復、人々による政治プロセス支配の回復、そしてこれによって経済プロセス支配をも回復することだ。現在の状況は、人間評価の完全性の破綻という特徴がある。政治システムは経済的利益に仕え、経済的利益のために文化価値を支配するよう機能している。そうした状況で、文化プロセスの優位性を回復することが、人間の幸福の促進において不可欠で主要な契機である。われわれの説明モデルの詳細を見てゆく各段階で、教会がいのちに仕えて生きるということが何を意味するか明確にされていく。出現するはずなのは、共同体の力を促進すること――人々が集まって、自分たちの生き方と世界を創造的に支配しようという気持ちを抱く場所を創ること――が、この世界の癒やしとなる存在である教会の活動の中心であるという認識である。

個人的価値

個人的価値は人々の信頼性において実現される。個人的価値は、文化的価値が実現される可能性の条件である。価値を実現するのは創造的な人々であり、価値を彼ら自身のうちに、その環境において実現する。そうして他の人々も同様のことをさせるような励ましやインスピレーションになる。愛し、愛されることで自分も他者もさらに深いレベルの創造性と評価へ向かわせる。

構造的変化は人が創造的になり本物になるのを容易にすることがあるが、創造性は決してもたらさない。個人的価値は、思いやりと賢明さをもち、合理的で信頼に足るべきという生来の要求に応える人々によって実現される。話に出すこともないほど当然に思えるかもしれないが、簡単に忘れられることだ。人を操ろうとするときや、計画の遂行を人に押しつけるとき、文化的価値の実現は人々が理性的に自由に参与する範囲でのみ可能であることを忘れてしまうという罠《わな》に落ちる。

個人的価値は文化的活動においてのみ、そしてそれを通してのみ明らかになる。だからたやすく見過ごされるのだろう。しかし個人的価値がなければ、文化は劣化してスラム化する。もし自分自身の感情生活が分かっていなかったら、もし精神面で何が起きているか自分で分からなかったら、そしてそのような精神面のダイナミクスが広範な歴史的原因とどう関わるかを理解しようともしていないなら、私は自分に対しても広い社会に対しても癒やしを働きかけることはできない。

自然界に破壊的な歴史的関係のパターンは、人間の精神をひどく損壊する。われわれは精神の力によってかなりの程度生きている。だからもし自分自身の感情生活とよく触れ合っていないなら、生を推進するのに役立つ応答を生み出すことができないだろう。

変革をためらう世界で本当の生き方はしばしば悪しき反応を引き起こす。そのようなときに悪しき反応にもかかわらず、人生の毎日を生きる上で本物であることを求める要求を持続させるため、われわれはどこで助けを得るべきか。

宗教的価値

宗教的価値は無条件に愛されることのうちにあり、限りなく愛することのできる能力をもたらす。それは限りなく尊重される経験で、善をもって悪を克服し、世界の癒やしを助けることのできる個人が真正であることを可能にするものだ。それはわれわれの孤独を癒やし、もとからあった尊厳を回復し、そうしてわれわれを生きることの自由へと進ませる。宗教的価値は愛する能力のうちに現れる。われわれはこの価値レベルから始まって、価値基準の上から下まで可能にすることの動きについて述べる。宗教的価値は人々の生活の中で機能するためにはっきり指定されなくともよい。しかしこの価値があるからわれわれは創造性を生み出すことができるし、罪が取り除かれるのではなく乗り越えられる世界で、この創造性が常にいのちを推進するのである。

例えば、生に不可欠な価値のレベルで危機が国に起これば、栄養不良の子どもたちが生じる。二三二ページに挙げた図によれば、一つのレベルで真正であることは次に高度なレベルで真正であることを条件とする。生に不可欠な価値を効果的に広めることは以下の問題をもたらすかもしれない。それは追究すれば社会的価値のレベルで科学技術・経済・政治の新しい制度につながる。こうした制度が真に価値ある秩序の善を推進するためには、共同体の不可欠な弁証法を尊重しなければならない。つまりそのような制度を単純に人々に押しつけることはできない。科学技術・経済・政治の新制度を展開・実施することは、社会のあり方を知らせる文化的価値の変容がなければ、不可能と証明されるかもしれない。もしその新制度の下で持続しないような消費行動パターンに自らのアイデンティティーを見つけている人たちがあるなら、人間性の深いレベルでの肯定を経験することだけが彼らを十分に解放して生きる上で必要な変化を把握できるようにする。

上記の例はわずかだが、価値の各レベルがどのように互いのレベルを条件づけるか示している。宗教的価値は、信仰が明らかな人もそうでない人も生に対して愛をもって応えているところに現れる。その応答はどんなときでも価値尺度のうちのどのレベルで生が脅かされているのかによって左右される。生態の被る災難という脅威こそ、今の時代の本物の信仰への主要な挑戦である。いのちの神への信仰は、犠牲のあるところ、どこにおいてもいのちへの支持によって表される。いのちの支持と関わりのない宗教儀式は人々とは疎遠になる。聖体拝領は、いのちのための奮闘努力に力を注ぐ共同体から離れては祝うことができない。そのような共同体から離れたら何の意味もなくなる。

以上が、不可欠な人間の善をつくり上げることになる価値基準の概略である。ここまで長い説明が必要だったので、当初の目的を繰り返してみよう。解明したかったのは、歴史の中の神に向かうということは何を意味するのかである。神が歴史の中でなさることについて聖書記述を考察し、善をもって悪を克服する神の戦略に行き着いた。「善いことをする」意味に深く入ることで、不可欠な人間の善の説明モデルの探求に導かれた。そこで歴史における救いのダイナミクスはこの探求によって光が当てられていることを強調して、説明を始めた。救いは全体性、完全性と関わる。全体性とは、われわれの生において、神の手から与えられる生の真実を実現することである。生のどのレベルでも侵害されることは、生の真実がその完全性において侵害されることを意味する。教会が貧困層を選ぶことの決定的基礎は、われわれわれの考察が備えたと思う。教会は犠牲者との連帯にしか立つところはない。こうして教会は僕の道をたどる。そしてわれわれのモデルはどのような創造性をもって犠牲者の惨状に応えるかを、さらに示していくものである。

注

(1)汚名を被った人物。彼以降の人間と異なり、決して悪を善と呼ばなかった。君主には悪を善とする方が好都合かもしれないと助言した時にさえも、彼自身はしなかった。

(2)スチュワート・A・シュレーゲル『ティルライ族の自給自足』(ケソン・シティ、アテネオ・デ・マニラ大学出版局、一九七九)166–167ページ参照。

(3)『地球の世話をすること』(ケソン・シティ、クレアシャン・パブリケーションズ/ロンドン、ジェフリー・チャップマン、一九八六)。

(4)「権力は科学技術の時代に中心的な問題である……。熟達への情熱が導いたのは科学の前進、遠方の土地探査、世界中の民族の征服と奴隷化、大量生産と商品流通の技術開発である。熟達への奮闘は強者を弱者に対抗させ、貧富格差をもたらし、中央権力とそれに依存する衛星地域との対立を生んだ。そこで分配の公正は科学技術化された世界にとって解決困難な問題となった」。ギブソン・ウィンター『被造物を解放する』(ニューヨーク、クロスロード、一九八一)。

第三章　教会であることの意味

文化の中心性

われわれの説明モデルから得られる最重要な解明は、人間の不可欠な善を促進する上で文化的プロセスに与えられる主要な立脚点についてである。同様の結論に導く教会の社会的教説の展開の中で持続する動きに注目したい。

パウロ六世と社会的教説の展開

第二バチカン公会議が最後に発した公文書である『現代世界憲章（Gaudium et Spes）』は、文化人類学者や民俗学者の成果をその文化の項に組み入れている。文化の定義は提供していないが、一連の補足記述で文化の古典的理解と現代の経験的理解に触れている。(1) しかしこの公会議の教えは植民地支配による意図的な文化破壊の歴史の数々については楽観的と言えるほど何も述べていない。

パウロ六世は回勅『ポプロールム・プログレシオ』［「諸民族の進展」一九六七年］を書いて「社会的問題は世界中に広がっている」と認め、構造変化の必要性を述べている。しかし文化的分析のうちに統合させる社会的役割を見ていなかった。彼の後の使徒的書簡『オクトジェジマ・アドヴェニエンス』［『レールム・ノヴァールム』公布八十周年、一九七一年］は、メデリン［コロンビア］にいるラテン・アメリカの司教団文書への回答として読むのでなければ、意味は不明確である。司教たちの具体的分析と彼らの状況で識別された信仰の要求に直面した教皇の回答は普遍的解決策を否定するものだった。そこで現地の教会はその地での本物の証人を見つけ出す課題を委ねられた。

同じ書簡で教皇は重点を経済から政治へシフトし、経済問題における権力の絡む側面を強調する。しかし政治は広範な文化的宗教的土台の中に置き、そこから生とその意味についての深い問題が適切に扱われると述べている。(2) そして科学技術的資本主義や官僚主義的社会主義のイデオロギーを超えて社会問題を独創的に考えるために、ユートピア的想像力が必要であると強調して書簡を締めくくる。(3)

そして一九七一年に現れるのは、シノドス（世界代表司教会議）による『世界の正義』で、カルケドン公会議〔四五一年〕がキリスト論〔キリストは人性と神性の二つの本性を唯一の位格の中に有するとした〕に向かったように、この文書は正義と平和のための働きに向けられた。その六番目の段落は、社会正義のあらゆる形のために働くことは「福音宣教を構成する側面の一つ」と見なされることを述べ、そのような働きが宣教や典礼祭儀と並んで教会の使命の必要な側面であるとしている。その働きは教会使命の正しい理解に本質的であると見なされる。最後にパウロ六世は一九七五年の『エバンジェリイ・ヌンチアンディ』（現代世界の福音宣教）によって、『オクトジェジマ・アドヴェニエンス』に見られた、政治から文化への暫定的《ざんてい》な転換が決定的になった。一九七四年のシノドスは、多様な文化の人々の中での福音のインカルチュレーションについて述べている。教皇パウロは福音宣教を唯一絶対の神支配に結び付け、証人となることと宣教することとは同等の卓越性があるとする。自由解放の概念を自らの社会的神学に統合している。その必要性は、文化の福音宣教と多様な諸文化のためで、文化のまさにルーツにおいて達成されなければならない(4)。教皇パウロ六世にとって明らかになったのは、構造変化が必要であり、創造的な文化変容なしには構造変化は不可能であるということだった。

ヨハネ・パウロ二世の社会的教説にすでに膨大なものがある。「信仰と文化」のテーマが中心で、そのテーマはインカルチュレーションに対する付随的関心を起こしていることを強調すれば本書の目的としては十分である。

こうした展開は人間の不可欠な善をより適切に把握しようとする探求を反映しているのではないかと考えざるをえない。この展開はそれ自体のやり方で、われわれの説明モデルで語ったものと同じ結論に達している。それは文化的なことの中心性である。

文化的プロセスと人間の生存

この数世紀の間、われわれの受け入れた経済的価値の真実は、われわれを二つの恐ろしい事実に直面させる。世界人口の大部分に拡大する窮乏化と、迫りくる生態系の破滅である。この二つは関連している。一部の人間の欲求を満たすようにつくられた経済システムは多数のニーズを満たせないことが分かっている。このシステムが持続不可能であり、無意味でゆがんでいるのは明らかである。ではそれを変えたらどうか。この経済システムによる生産物への依存度が高いので、その「商品」が（不可能だが）すべての人に行き渡るようにすることが自分たちの任務と革命理論家たちは考えがちになる。いわゆる先進国が人間的に望ましいとする現在の大量消費の方向ほど非人間的でばかげたことはないと見抜く必要がある。この方向がわれわれの地球上で生きることとは明らかに矛盾することを考察するなら見抜けるはずである。それはまた、われわれ人間が仲間としてともに生きることとも両立しない。大多数の人間を犠牲にするのでなければその方向を取っていくことができないからだ。

構造レベルで必要な変化のレベルは、真に革命的と言えるほどの文化的創造性――これなしには変化は不可能――を要求する。なにか大きいことをおっかなびっくり奉るようなことは拒否しなければならない。スモール・イズ・ビューティフル［小さいことは美しい］とは、つまり地球のダイナミクスを完璧に取り入れた尺度だけが称賛に値するということである。地球を損なうことは愚行で、それは明らかにしなければならない。最大化を図り所有物を貯め込むことを崇拝するという現在の文化の病は、人の死や生命システムが死ぬことで深刻さに気づく。われわれはこの点を理解し、見識をもって生活しなければならない。文化的創造性が必要とされる構造変化の必須条件促進をするためなら、どのような革命的運動でも優先させねばならない。

人々が自分の運命を有効に支配できないなら政治権力の奪取は何の役にも立たない。誰もそうした人々のために声を上げることはない。自分で声を上げるのでなければ誰もしない。文化的プロセスへの参与によってのみ人々は自分を表現する。人々が、それがなくては生きられない意味と価値が、このプロセスに参与することで批判、検証にさらされ修正、改良されることになる。

貧困層に対する優遇的選択の妥当性

ディポログ、オザミス、パガディアン、イリガン、マラウィ教区（D.O.P.I.M.）

展望書の最初の文言は、貧困層のための優遇的選択を真の司牧活動のかぎとしている。この文言にはまだ多くの誤解が付随しているので、上記説明が貧困層選択を正当なものとするやり方を示そうとする場合、あらかじめ幾つかの点を明らかにするのがよいかもしれない。

起こりうる誤解の一つに「選択」という言葉を、一部の人たちを優先し他を排除するという意味で、人々の中で選ぶことを要求していると捉える場合がある。これではこのメッセージが向けられる人々、メッセージの受け手を、文言の意図する焦点である内容について混乱させる。貧困層の優遇的選択とは、あらゆる人に宣教するのはどんな福音かということだ。貧困層だけに語りかけるのではない。宣教すべきはただ一つの福音ということだ。そしてこの福音は貧困層にとっては良い知らせで、金持ちであることにアイデンティティーを見いだそうとする者には悪い知らせである。構造的悪の世界で神は偏愛する。神は貧困層の味方であり、これを誰にでも明白にできないなら、われわれは歴史の神の真実を裏切ったことになる。

また別の的外れ解釈として貧困層の美化がある。この傾向は神の偏愛の立場を正当化するためにあらゆる資質が貧困層に属するとしてしまう。金持ちと比べれば、どうやら徳があり「素朴」で、不道徳ややましいところはないと描写される。だが神の立場の唯一の根拠は抑圧の事実にあって、被抑圧者の道徳心ではない。抑圧はいのちを殺すことで、いのちの神は生きることに奮闘する抑圧の犠牲者の側に立つにちがいない。道徳的批判はあるが、貧富はともあれ個人に対するものではない。批判は二つの対立する大義の道徳性に向けられる。富裕層と権力者の大義と貧困層の大義である。批判は向けられ、決断されねばならない。二つの対立する歴史的大義のうちどちらが支持されるべきか。他のすべては、われわれの回答にかかってくる。

さらにもう一つの誤解は生活様式に焦点がある。貧困層の選択は、貧困層とともに貧困層のように生活することと解釈される。貧困層の歴史的大義について立場を明らかにし、一貫してその立場で生きることは、われわれの生活様式に避けられない深い結果をもたらすだろう。しかしその結果と優遇的選択の意味が混同される時、その焦点はまたもや失われるし、真正の生き方にはつながらない。生の真実に忠実であることは、貧困層の歴史的大義との真正な連帯の基礎となる。生活様式の問題は、奮闘する貧困層と離れず、彼らの大義を支え続けることで対処できる。

優遇的選択について起こりうる誤解を片づける中で、この選択の本質的な意味を伝えることができたと思う。先に私が主張したように、人間の善の説明モデルは教会に対して貧困層の優遇的選択を決定的に根づかせるのに役立っている。価値基準のどのレベルでも犠牲者が生じることは、どれほど他のすべてのレベルの真正さを損なうか、このモデルによって理解できる。九つの各レベルの相互関係を全体的に見れば、犠牲者との連帯だけがいのちを促進可能にすることが分かる。他に考えられる方法はない。われわれの説明モデルで理解すると、教会が自らのものとして受け入れた立場からは、恣意性のあらゆる跡が取り除かれる。

しかし、一つ根本的観察がなされなければならない。貧困層の選択という言葉によって、この選択をするわれわれが必然的に焦点に置かれる。われわれ自身がその行為をする主体になる。聖書が関心をもつのは、人々が解放のために自ら選択することである。そこに示されるのは、教会としてのわれわれの存在における、一種の疎外感である。神にとっての関心事――貧困層が自らの大義のために選択すること――よりも、むしろ貧困層の選択について話しているわれわれに気づくという疎外感である。焦点を修正変更するなら、教会が貧困層を選ぶことの意味は次のように見えてくる。自らの生活、歴史、信仰に責任をもつ人々の出現を促進する教会であること、である。それは人間にとって自由、成長、真正であることを本当に可能にする場としての教会である。権威主義的な教会や支配的教会ではこれは達成できない。

貧困層の選択の意味に関するこの最後の修正的な考察は、われわれの説明モデルが解明を助けるD.O.P.I.M.展望書の別の文言について考慮するよう導いている。そこには「基本的教会共同体を築くことによって」とある。

文化的価値と基本となる教会共同体

教会の任務は、歴史における癒やしと創造を促進することである。人間の完全な善の価値基準は、この任務において文化的価値が中心的位置にあるのをわれわれに分からせる。だから教会のダイナミクスにおいて、そのダイナミクスによって、真正な文化的価値の実現を促進する教会だけが、歴史の中で救いのかたちを具体的なものにする。説明モデルの観点から、基本的教会共同体に基づいた教会は、教会であることを可能にする道の一つというだけではない。それこそ教会であるための唯一の真正な道である。この論点を次の基本的共同体についてのまとめの考察で展開しよう。

完全不可欠な霊性

十八世紀から十九世紀の過激な無神論的革命運動はかなりの程度、疎外傾向があると見なされた宗教性に対する反動によって熱狂的になった。価値基準から見ると、不満の根拠をより正確に挙げることが可能になる。その古典的伝統のすべてと一緒に、教会は常に宗教的、個人的、文化的価値の重要性を強調していた。革命思想家は構造による決定とその生に不可欠な価値への影響を洞察する中で、すべての人間の問題をこのレベルで捉える傾向があった。教会は宗教的、個人的、文化的価値が社会的価値にどう関連するか明確に語れなかったので、宗教的、個人的、文化的価値の優位を繰り返すことで教会が生活や歴史上の本当の問題を避けていると見なされ、それゆえ——おそらく知らないうちに——世の中の悪と手を組んでいると見なされた。宗教は抑圧された者たちのため息で、抑圧に対する表現は与えたが、抑圧に対する挑戦にはならなかった。革命思想家たちの反応は、宗教的価値を疎外するものとして分類し、個人的・文化的価値を見逃し、歴史の悪の解決策実行のために経済的・政治的価値レベルを通してのみ力強く格闘することだった。そのような反応では、本来解放して役に立とうとしていた人々に対する暴力的な結果を避けることができない。

宗教的価値が理解され、他のあらゆる価値レベルとの関係のうちに生きられるとされる時が来るまで、キリスト教はこの世で耳を傾ける価値がないとされるだろう。この達成なしには、われわれに残されるのは現在のところ「霊性」という言葉をほぼ反射的に連想させる二元性である。その二元性は、トーマス・ベリー［歴史家・生態神学者、御受難会司祭、一九一四-二〇〇九］にわれわれに本当に必要なのは「地球の霊性（earthuality）」だと言わせた。いのちの恵みはたった一つで、それはその不可欠な完全性において味わわなければならない。いのちの神は、死をつくり出すシステムの世界では礼拝することができない。もしわれわれが貧困層に死をもたらしているプロセスそのものにはまって逃《のが》れられないなら、われわれはその病を運んでいるのだし、誰も自由にすることはできない。この世では、生ける神の礼拝は、生と愛を不可能にしてしまうあらゆるものに対抗する創造的闘争において明白である。完全不可欠な霊性はそれ自体、文化的創造性の中に出現する。文化的創造性とはシステムに支配される価値に代わるものを起動させる能力である。

神の立つところに立つ

急速に消えゆく限られた地球資源（それを尊重することを学ばなかったが）の支配を保持しようと企てて互いを核攻撃せざるをえなくなるような、恐ろしい死に方をわれわれがしないためには、神がこの世界で立たれるところにわれわれも立つよう学ばなければならない。われわれの時代の霊性の問題は、この世界で神がどこに立っておられるかを特定することである。歴史の中の神秘に向かい合う必要があるのだ。人間の完全不可欠な善から言って、神はいのちが犠牲になっているところにはどこでも立っておられると主張することは可能だ。十字架につけられたイエスを見れば、まずもって神が歴史の中で十字架につけられたすべてのものと同一であることを否定するのは不可能だ。十字架上の磔刑は現在も進行中の物語である。済んだことではない。それゆえ、イエスがそうであったように生ける神につながっているためには、犠牲となっている者たちを探し出し、彼らの大義を自らのものとし、生きるための闘争の中にいる彼らを支えることである。

問題は、われわれの精神と価値観、つまり何が望ましいかという感覚を形づくるのは富裕層の歴史的事業なのかどうか。それともわれわれが誠実であるべきなのは貧困層の歴史事業に対してなのか。それは抑圧され十字架につけられたいのちのための格闘である。またしても、これは肯定的なものより否定的なものに集中するという問題ではない。むしろ肯定的なふりをするものの中に死を見いだすこと、いのちを助けるものをはっきり見分けられるようにしてくれる、生への真の愛から行動することである。イエスの姿は悲しみの姿ではない。もしイエスが生の喜ばしい自由を具現していなかったのなら、誰もイエスに心を奪われず、誰も安心で世間体の良い生き方を捨ててあえてイエスに従ったりしなかっただろう。イエスの自由は人々のうちにこだまし、これこそ彼らが最も心の底から欲したものであると語りかける響きだった。信仰なしに奮闘する人々と信仰ゆえにそうする人々の違いは、後者には創造的な喜びがあることとである。信仰ゆえに奮闘する人々は、彼らの戦う相手である悪、否定的なことの論理に支配されない。自分たちが助けようともがいているいのちの美、いのちに価値があるという意識で動かされている。大量消費的価値の奴隷になっている限り、生き方を変える必要があるという忠告は悪い知らせにしかならない。人間はあきらめなければならないとされるもの、とらわれているものに注意を向けがちだ。これでは創造性も喜びもありえない。ただ信仰による洞察だけが人間に解放をもたらす。それは心の最も深いレベルでわれわれが本当に欲するものと一致させてくれるからである。人間としてのわれわれ自身の完全性は、他者の悲惨や苦痛から顔をそむけずに他者を直視することができるように要求する。

信仰の洞察力はそれを示してくれる。私の中のいのちが、人間性を奪うような方法や支配的権力のやり方で他者と関わらないよう要求する。自分自身の精神に耳を傾けるなら、われわれの幸せと充足はどこにあるかを知るだろう。

喜びの中心は、いのちが動いていく方向の一部に自分もいるのを知ることである。喜びとは、忘却や薬物などによる高揚した「ハイ」の状態によって獲得するものではない。そのような逃げの態度は、やがてうつ状態に結び付くだけだ。イエスの弟子であることの喜びは、自分がいのちの動きと一致しているのを知ること、つまり、自分が癒やしと完全性に向かっているのが分かるところにある。

福音は、誰もわれわれからこの喜びを取り上げることができないことを約束する。それゆえその喜びは、この世での他者からの応答によって変わるものではない。人々がわれわれに十分に応えなくても、自由といのち、そして完全性に向かっているのが分かるという喜びを妨げることはできない。

使徒言行録にはそのような喜びによって変容する人々の印象的な姿がある。イエスの死と復活以前には、弟子たちはおびえていて、所属集団本位の人々として描かれる。周りの社会が彼らの生き方をどう思うか、他人の目に支配される人々である。十字架にかかったイエスの愛によって解放され、弟子たちは喜びをもって一心不乱にいのちの真理を追求するようになり、他人からのしばしば耐えがたい反応にも影響されない。ここで得られる教訓は、もし真に生きる喜びを経験したいのなら、いのちの完全性をひたすら大事にしなければならないということである。

いのちをその完全性において大事にすることは本当の喜びの経験である。いのちを与える神の善、その賜物の善、そしてわれわれ自身の善は、この完全な賜物において、賜物を通して知ることができる。このいのちの完全性を求める苦闘の中にあっても、われわれを力づけるのはいのちそのものであり、神の力が人々を世界のいのちの自由のために駆り立てるのを経験するのである。キリスト教の中心となるわれわれのいのちの意味を祝う象徴は聖体祭儀である。ヨハネ共同体では、この象徴の好まれる定式語句は「世のいのちのための私のからだ」であった。完全性においていのちに仕えることを離れては、平和も喜びも知ることができない。

結びの要約

私の関心はわれわれの地元教会が全力を傾けてきた固有の自己実現のために、重要な基礎を準備することだった。信仰が社会の現実とどう関わるか明確に論述するなら、われわれがD.O.P.I.M.教区で選んだ道筋が正当化されるのである。歴史の中の救いのかたちは、世の罪を克服するところにある。人間の完全不可欠な善のモデルは、この罪の具体的なかたちを特定できる。教会は歴史の悪を克服することで救いを促進する。人々をますます貧しくさせるものとしての悪を分析し、その元をたどって文化的プロセスのかく乱を検証したが、人々が自らの運命を創造的に形成することが構造的に否定された状態である。教会という共同体のあり方は、この歴史の悪に向かうのと逆のプロセスを具現化しなければならないのである。

犠牲者の側に立つことは最初の手段で、永続する手段である。しかし教会が貧しい者たちとの連帯を生き抜く唯一の道は、基本的な教会共同体によってなのである。われわれは教会法に定められた教区と呼ばれる仕組みを過去から受け継いでいる。現代の状況では教区という容認された地理的仕組みを通して貧しい者が福音を真に自らのものとする見込みはない。福音が属していたのは、人間共同体の文化的活力がこの世の限界ある仕組みをなんとかうまく動かす世界だった。現在では、人々の生き方を左右する共同体の力の再活性化こそが、福音の解放のメッセージを貧困にある大多数の者たちに聞こえるようにする唯一のプロセスである。

私が考えるにこうした場にこそ、キリスト者のリーダーである司祭の霊性に対するこの上ない挑戦が出現するのではないか。つまり他者が生きることができるように自らを放棄するというケノーシス（kenosis, 神性放棄、フィリピ2章5節）の挑戦である。教会という存在の基本的共同体モデルに専心すれば、中心にいる司祭が奉仕して、信徒たちがそれを支持するという司牧モデルを放棄することになる。そのような司牧モデルを捨てることはわれわれにとってたいへん犠牲が大きい。人々が福音を自らのものとすることを可能にするのがわれわれの目標なら、その状態をもたらす原動力の中では司祭は中心的役割をもちえない。自分たちの生との関係で福音を捉える人々の集団を助けることで、中央に向かう原動力に対して司祭は自らを周縁部にいる者とする。司祭の助けがなければその集団は初期の段階で確実に死んでしまうので、司祭は不可欠である。だが教区が秘跡行為を中心に展開したようには、こうした共同体は展開しない。したがって人々から必要とされる司祭であるためには、秘跡によりかかる司祭のアイデンティティーをあきらめる必要がある。

秘跡を重視することが共同体のいのちを促進するのではない。共同体の福音として神の言葉をもつことである。貧しい者たちの側にいる神の力によって、自分たちの生と世界を名付け、理解し、支配できるようにするための良い知らせとして神の言葉をもつのである。教会は共同体のこの変容させる力を通して救いを推進する。人々が福音をもつようになることが重要なのだから、私は司祭である意味についてのもう一つのイメージ——福音の意味を人々に伝える者——を手放さなければならない。われわれの状況で真に福音に仕えることとは、福音の観点から人々が人生を振り返り、いのちを与える真理を自分で見つけられる場所を開くことである。共同体の僕としての司祭は、伝統や現代の知識からなるべく多くの事実や情報を人々に提供できるようにする。人々が自らの生を考える助けとなるためである。

信仰の原動力は、現在の状況での福音の反映とするのは誤りである。むしろ福音の視点からいのちについて考察することである。それはまさにわれわれの生きているいのちそのものの解釈学としての福音である。それによって、人のいのちの真の意義が、抑圧する悪の観点と、いのちの神（生きるための苦闘にある人々とともにある神）の真実の観点の双方で明らかにされる。

こうした教会であることに専心するのが、D．O．P．I．M．推進の意味である。危険がないわけではない。現在の政治権力構造から利益を受ける人々は、共同体の力が現れるところすべてが自分の位置と現在の支配にとって危険と見なすし、彼らが基本的教会共同体は政治に大いに関連すると考えるのは誤りではない。誤りは、これが教会の政治問題化を意味すると考えることである。こうした人々が目の当たりにしながら把握できず、歓迎さえできないのは（神の解放の言葉を自分のものにすることで生じる）文化的価値の実現である。共同体のこの自立的・自律的な力は、人々に自分の運命を決める能力があるとは信じない、支配を主張する右翼・左翼のすべての人間に不快に思われる。現在の状況で本当になすべき必要があることをするなら、どちらの党派も喜ぶようなことはない。そこでわれわれのいのちとまでいかなくても評判は危うくなるかもしれない。常に犠牲者の側にある神の展望にわれわれが懸命に心を傾けていくなら、これまでわれわれとは「気が合う」と見なしていた面々もそう考えなくなるだろう。しかしそんな評判のランクづけも、もっと大切な問題の脇に置けば意味をもたなくなる。それはわれわれの生のもつ歴史的な意味を知るという問題である。他者の生に働きかけ、自らのうちにあるいのちの真実に応え、われわれの時代でいのちを与える者、神に応えてゆくことを知るという歴史的な意味がわれわれの生にはある。

司祭独身制についての追記⑸

質問：あなたの言う教会であることの意味は、実際には司祭の独身制と矛盾しているように思える。「自由が最大限に育まれる場」である代わりに、人々の自由に制限が加えられる場所のようだ。

回答：この質問は幾つか異なった問題を含んでいる。一つ一つ対処するのが最善だが、まず独身制そのものの価値について話すことから始める。これは困難であると同時に必要なことである。この主題に関してすぐれた神学的考察が不足しているからである。今まで書かれたことの多くは、目的と効果の混同によって損なわれている。教会の権威ある側の扱いでも、結婚しないから他のことができる点に注意を向かせて独身の選択を正当化しようとする。そのため独身制の実際的な点を扱うことになる。独身制は「他者のために手を空けている」「もっと祈る」のを可能にする価値とされる。こうした議論ではうまくいかない。言及される資質や任務が、独身ではない人では同じように実現、達成されていないと証明するのは不可能だ。独身制の価値を実際面で正当化しようとするのは不可能で致命的なことだ。致命的というのは実際面の正当化を試みるなら、この賜物の最奥の意味を裏切ることになるからだ。

　独身制の最奥の意味は、実際面の思考上は容認できないことになる。独身制の真実は次のことにある。ある人たちは、当然わずかな数だが、神がおられる不思議さ――無限の寛容、どこまでも受け入れ、是認されること、赦しと自由――に大きく影響されるので、文字どおりそれ以上何も必要なくなるということだ。言いかえれば、ほとんどの人々の生活においてよくある不安感と情緒的ニーズのパターンが、司祭の生活では優勢になることがない。もちろん他にも多くの人々が神の愛について知っているが、知っていても同じように影響しない。だから何も必要なくなるような影響を受けるというごくわずかの人たちの賜物について語るのだ。真正な独身制はまれだが、すばらしいものだ。司祭か修道者が大量消費して高額品だらけの生活で身の周りに防犯体制を築くのを見た人が、埋め合わせが必要だから無理もないと言うことがある。その同情からの判断は的外れだ。そういう人に対しては、単に独身だからなのではない、という判断をすべきだ。真の意味で独身なら埋め合わせる必要もないはずだから。正真正銘の独身者は神の世界で生きることにたいへん幸福を感じるので、深いところで彼らのニーズはすでに満たされている。そのような人たちは歴史の中の神秘の際立った証人で、彼らが証しするのはあらゆる人が一致する必要のある真実——彼らにとって神の真理が驚異であること——である。もし世の中に正真正銘の独身者がいるなら、全世界は極めて豊かにされる。すべての人が自分の最奥のニーズを満たしてほしいからである。

結婚生活や友人関係で人々は支え合い、互いの価値を認め合う。これは普通のことですばらしいことだ。しかし誰も自分の存在は他者の終わりない欲望を充足するためにあるのでなく、人が他人に自分の欲求充足の対象になることを要求すれば互いの関係は悪化する。人は限りない欲求という真実がある中で、互いを支え合うようになっている。そしてそのことが真の関係性をつくる。宇宙とその中心にある神秘だけが人の真の要求を満たす。人々は互いのために神秘の真理の秘跡となりうる。これは結婚でも起こるし、真に独身である人を直接知ることによっても起こる。

正真正銘の独身制はこの神秘の証しなのだと私は主張する。そしてこの神秘と関係のあるあらゆることと同様に、ただ自由に喜びをもって受け入れ生き抜いていくものである。それ以外ではすべて矛盾するものとなり、何の証しにもならない。だがそのように生き抜くところでは、共同体の生にとって意義深いことだ。不安感から生じる所有欲によって情緒的関係がひどくゆがめられる世界にあって、われわれは皆、無条件の肯定の源を経験する必要がある。真の独身者はその源と一致している。そのような独身者は男性であれ女性であれ、あらゆる人にとってのいのちの真理を体現化している。つまり人としてのわれわれの真理と尊厳を限りなく肯定している。脅迫的な必要を感じることから解放され、人は互いに理解することで自由に関わり合い、生き方は関係するものすべてにとってははるかに健全なものとなる。

ここまで独身制の肯定的価値を述べてきたが、最初の質問の他の側面についても快く取り上げたいと思う。現在、そしてこれまで何世紀にもわたってカトリック教会にはこの独身の規律または掟が存在し、このため独身でいるというカリスマ性を有すると思われる者だけが司祭の叙階を受ける。これは現在の状況を適切に述べている。例えば、カトリック教会は司祭が独身であることを要求するという言い方で説明しようとするなら、それはセンセーショナルな不当行為の状況を引き起こす。どの制度も、どの国も、どの教会も、かつて人々に条件として独身を強制する権利を有したことはなかった。そのようなことはまったく容認しがたい人権の侵害となる。現在の教会法の要求では、独身でいるというカリスマ性が自分にはあると識別する者だけが、自らを叙階のためささげるべきであるとする。

そこでそのような法が望ましいかどうかの議論が起こるかもしれない。司祭の任務分野を不必要に制限していると言われるかもしれない。だが独身のカリスマに恵まれているかどうか識別するよう求められ、肯定の答えをした者たちにとって、この議論は意味がない。制限があることについての議論は、キリスト者共同体のニーズに目が向いている。現在叙階されている司祭の権利には向いていない。キリスト者共同体ニーズに目を向ける議論としては、あらがいがたいものになっている。聖体で養われる権利を有するが、その権利がこの制限的規律によって否定されるキリスト者共同体の数は常に増加している。教会がこの状況を正さない限り、司牧面で不作為の重大な罪を犯すことになる。これが教会法の変更への圧力の主な源である。現在の法の下で叙階された者に対する不当行為の問題なのではまったくない。

むろん適正な構造形成があれば、独身制は司祭への独特の召し出しと見なされ、人々に真の独身のカリスマがあるかどうか識別するのを助けただろう。このように人々が自らを識別するよう奨励されないところで、しかも人々が、問題は自分自身の真実であって、司祭になるために充足すべき外部的条件ではないことを理解できない場合、本当に不当行為がなされてしまうこともありうる。私と関わりのなかった状況下にあっては、どれほど適切に構造形成がされたかは、私の知るところではない。

だが、司祭になるために独身でなければならない、と教会は言っているのではない。それを正当に要求することは決してできないだろう。現在の教会が求めているのは、独身でいるという恵みをもつ者だけが自らを司祭職にささげるということである。司牧の面から教会がこの法をもち続けることが正しいかどうかは、今後ますます論議される。

注

（1）第56–62項。
（2）「［政治的活動は］文化的・宗教的集団が人間と社会の本質、根源と目的についての最終的な確信を、受け入れ自由とすることにおいて、社会の中にあって公平にそれぞれのやり方で発展させる」。第25項。
（3）『オクトジェジマ・アドヴェニエンス』第37項。
（4）使徒的勧告『福音宣教』第20項。

（5）多くの重要な主題が質疑応答時間に挙げられた。そのうち幾つかはこの発表に組み込もうとしたが、組み込めなかったものもある。その一つに独身制の議論があった。ある大事な分野、救いと解放についても割愛することにした。最近のクレアシャン出版による出版物で、このテーマについてボフ兄弟［Leonardo Boff と Clodovis Boff］による卓越した文章があるからだ。私よりうまく扱っている。

【付録】

第一部　悪の不思議に対する神の解決策

聖書を読むことは、支配的な力の幻想ないし帝国主義の力について学ぶ痛みを伴うプロセスであると強く主張できるかもしれない。もっと積極的に言えば、この歴史の中の悪の力を克服できる手段を絶望的な世に伝達するものとして聖書に書かれた伝承を読むことは有意義である。

今のこの時代、核の威力が人間ドラマを突然終了させる可能性（蓋然性《がいぜん》かもしれない）に直面しながら、われわれはそのような帝国の幻想に溺れた不可避の結末を知らされているのだ。過去の世代には決してなかった方法でわれわれに明らかにされたのは、支配の真の姿と、死としての犠牲者の創出である。犠牲者にとっての死だけでなく、関わるすべての者に対する死である。

人間ドラマは、勝者対敗者、勝利者対犠牲者、奴隷主対奴隷、帝国対植民地、超大国対弱小低開発国となるような役柄が乱雑に入り乱れて継続していく。核兵器競争の壮大な皮肉は、ヒーローたる勝利者と打ちひしがれた犠牲者というシナリオを終わらせる可能性があることだ。物理的な支配力はその頂点に達していく……奴隷主対奴隷、勝利者対犠牲者の弁証法は、あらゆる人間がすべて犠牲者になることで終焉を迎える。(1)

しかし私はそんな教訓からは何も学べないと思う。自分がただちに犠牲者になるかもしれないという恐怖は、現在の危機に対する創造的答えを助けることはありえない。恐れは創造性を生み出さない。少なくとも死ではなくいのちを促進するような種類の創造性は生まない。われわれがこの伝統から学ばなければならないのは、いのちを創造的に愛する可能性である。いのちへの創造的な愛は、悪が定める以外の条件で、悪を克服できる。この可能性こそユダヤ-キリスト教の啓示を構成するのである。

旧約聖書の啓示の頂点

帝国主義を超える存在のかたち：僕の展望

イスラエルの経験の始まりではどんな約束だったにせよ、支配力の観点から自分たち自身を理解したいという誘惑が早期に、決定的に起こったことは明らかなようだ。ダビデ王朝下の事態はひどく、それ以降も悪化は次第に進んだ。ごく簡単に概要を述べる。

預言者が偶像礼拝と解釈した権力闘争を通して、まず北王国が滅亡し、次に南王国が消え去った。イザヤは南王国崩壊を目前にして、何が偶像礼拝に関わっていたか非常に明確に表現している。私がよそでも書いたことであるが、以下に記す。

当時の超大国はアッシリアで、強引なほど軍国主義的で現在のイラク北部が中心だった。ユダのような小さな都市国家はこの巨大国家に絶えずおびえていた。紀元前七三五年、シリアとイスラエルの弱小王国同士は一緒になってユダ王国を攻撃した。目的はユダを反アッシリア陣営に加入させるためだった。ユダの王アハズはただちにアッシリア王に援軍を求めた。援軍が来て、独立国としてのシリアとイスラエルは消し去られた。預言者イザヤはアッシリアとの連合に反対だったのでアハズと対立していた。しるしを与える神への信頼を促した（『イザヤ書』7章14節）。しかし王アハズは取り合わずアッシリアとの同盟が続いた。

アハズの息子ヒゼキヤはこの同盟を脱したかったが、まもなくエジプトとの同盟に参加するよう勧められた。エジプト馬の戦車という当時の超強力兵器が見返りだった。ふたたびイザヤが進み出て権力政治への関与に対して警告を発した。ふたたびそれは無視された。ユダ王国はエジプトの戦略的同盟国となった。そこにアッシリア人たちが攻めてきた。センナケリブ王のもと、彼らは海岸沿いの平野をエジプトまで素早くやってきたのでヒゼキヤはエルサレムで動けなくなった。イザヤはヒゼキヤに耐えるよう、恐怖に屈しないよう諭した。エルサレムはその後、百年存続した。

政治同盟の問題対処でイザヤは常に宗教的な言葉を用いた。宗教的問題と考えたからである。偶像礼拝、神への信頼、正義と正義の欠如について語った。彼にとって平和とは究極的に宗教的概念で、正義と安全もそうであった。こうした分野の最終的な答えは、神が造られたあらゆる人々と共に生きることに関わるので、人間という家族に対する神の望みについて何らかの洞察を伴う。

……武器と同盟に信頼を置くことは、イザヤにとって偶像を信頼することだった。偶像とは、国家が依存するところの力のイメージである。すべてはこの偶像のために犠牲になった。必要とあれば民族も犠牲に含まれる。あらゆる道徳的配慮も偶像に従属させられる。それには「国家の安全に関わる問題」を呼び起こすだけで十分である。イザヤにとってこれは「死と契約を結ぶ」（イザヤ書28章15節）ことだ。国家安全の絶対的原則は国を神の位置に据える。それによりあらゆる道徳的配慮はこの原則に仕えるため無効にされ、どんな程度の暴力も正当化される。どこにいても統治者階級は安全を軍備や銃器、軍隊、「力の均衡」と同等のものとする。彼らは自分たちの本当の脆弱性に関してはうそを生きている。

……(イザヤにとって)国家の安全は、正義の働きにおいてしか知られない真の神を礼拝し、知ることにあった。エルサレムの男たちは間違ったことを恐れていた。いのちの神を畏れることや地上で正義を行うという神の要求の代わりに、彼らは軍隊の力や死に畏怖の念を抱いた。そして彼らは死と契約を結んだ。それゆえ国家は滅亡の運命にあると預言者イザヤは言った。……国家に安全をもたらすのは、正義に目を向け、共同体の弱者と貧者に関心を向けることだ。それが国家内部で進行中の破滅を停めるので、優先して行うことは国家に安全をもたらす。国家の安全は、国家が仕えるべき社会のうちに正義が機能しているということなのである。(2)

それゆえ国家が用いる武力がどれほど多数であろうとも、共同体に安全がもたらされることはない。正義のない社会は文字どおり――道徳的にだけでなく――防衛不可能で、決して安全にすることはできない。国家がいかなる武器を使おうとも、その不安感は慢性的である。国の弱点の本質は、まず不正と困窮、次にその結果としての戦争による荒廃のため国民が破滅するという点にある。不安定な状況の真の原因に対処できなければ、抑圧への道しか残されない。イザヤにとって偶像崇拝の宗教は軍国主義であり内部からの抑圧である。(3) もしある国に安全上の問題があるなら、人々がすでに被ったこと、つまり彼らが国家の偶像にどのように犠牲としてささげられたかが第一の原因である。不正な国家の経済的根底にある資源の割り当てを誤ると、二重にその誤りが明らかになる。一方では軍国主義化、他方では栄養不良による死である。

こうしたすべてにおいて、イザヤはイスラエルの預言者の伝統に堂々と連なって、君主制の帝国主義的見せかけに対する積年の戦いの中にいる。神に忠実であることは、帝国の支配力に代わる生き方を生きることを意味する。これに代わるのは、共同体の力、非支配的で創造的、いのちを与え、人間に不可欠の善を追求することから生まれ出る力である。この預言者的伝統の結末は「第二の出エジプト」と呼べるもので、イスラエルがイスラエル自身から脱出することである。それは他を支配する者としての自己理解を超越し、苦しむ僕の特別な描写の中に自らの運命を見ることである。

つまり、「存在のモーセ的飛躍」とエリック・フェーゲリン［ドイツ生まれのアメリカの政治哲学者、一九〇一―一九八五］が呼ぶところによって、選ばれた民族は歴史上のかたちで出現していたのである。それは他民族の階層的・帝国主義的社会と対照的だった。現在、神の下に存在させられるものは、帝国崇拝をもたらした神＝宇宙の秩序への律動的調和からはっきり区別された。神政による国家の制度、つまり神の下にある国家は、実際の存続のため王制によって補充された。そして神の下の社会生活の真のかたちは、人々の制度や道徳的姿勢という秩序から区別されることはなくなった。まず、緊張の謎を解明しようとして、イザヤは具体的な社会での歴史の時間を分け、改心していない現在と変容した未来とした。現在と未来のつながりは不明瞭なままである。

エレミヤを通して、この改心していない現在は実存的意味を獲得した。それは、この預言者が神の苦難に関与したことが、実在の社会を超えたイスラエル人の秩序の中心になったという点においてである。そして第二イザヤを通して、ついに実存的苦難から現在の贖罪《しょくざい》の経験が、まさに今、ここに出現した。「イスラエルのイスラエル自身からの脱出」とわれわれが呼ぶ動き、つまり実在社会の秩序から贖罪の秩序に向かう動きは、このように完成された(4)。

フェーゲリンが急いで付け加えるのは、苦難の成果としての贖罪の見通しだけが、この時点で完成に至っているということだ。現実にはイエスの到来を待たねばならなかった。しかし彼の言及する実在社会の秩序から離れる動きは、エレミヤにとって何よりも増大する確信で、神の下の社会にある存在は――シナイ山の啓示の核心である――強力な帝国に囲まれたイスラエルの小さな神政国家の形態を取るものではないということだった。もちろんエレミヤはそこから離れて向かう先が何を意味するか分からなかった。彼は民の心に書かれた新しい契約について語った。

フェーゲリンは第二イザヤの中に実在の秩序そのものからの脱出の謎が象徴化されているのを見つけた。それは「苦しむ僕」の姿を取っている。この預言者は彼の前にいた預言者たちの上に築いて、律法の成就によらない救いを強調した。これによって彼は救いと苦難にもはや対抗しなくてよくなった。救いと苦難は代わりのものになることをやめた。イスラエルは赦されたのだ。関心は今や、贖い主である神の下のいのちの秩序に焦点を合わせる。僕はその秩序を具現化する。贖いは苦しみがもたらすものとして、まさに今ここで、啓示される。

——新しいイスラエルは主の僕で、神は救いを地の果てまでもたらす者とする（イザヤ49章6節）。

——僕の任務はイスラエルから諸民族に贖いの知らせを広めることである。この任務は帝国の完全な解体という条件の下に遂行されるのではなく、むしろ帝国支配的野心に気づき、それが継続する条件の下に遂行される。

——その任務は、「そのような不吉な状況下でそれを請け負う者たちに愚弄《ぐろう》、屈辱、迫害、そして苦難をもたらすことになる」（フェーゲリン507）。

——僕は「歴史の秩序では新しいタイプ、つまりイスラエルにおいてイスラエルのために預言者が創造したタイプで、この任務が遂行されるまで他から形体が与えられる」(507)。

―不運や虐待にもかかわらず、僕は背を向けない。「神に信頼して彼は神に教えられたことを弟子の言葉で語り続ける」(512)。

ついに人々は他に代わって苦難するという信じがたい話を信じるようになる。そうなるとき、帝国の秩序からの解放が完成されたことを知る。

「多くの死を苦しんで生きる僕、挙げられるために貶《おとし》められる僕、多くの者が自分の子として救われるように彼らの罪を担う僕は、諸王を超える王で、帝国の秩序を超えた神の代理である。そして神の下にある民としてのイスラエルの歴史は無名の天才の展望のうちに完結する。それは代理の苦しむ者としてイスラエルが自分自身を超えて人類への救いの光になるからである」(515)。

教会は僕の使命を具現化しなければならない。われわれは自らの肩に悪の重荷を負って、悪を完全に逆転させるための犠牲を払わねばならない。どんな状況にあってもこれを創造的に行うことは、代わりの方法、つまり不可欠な価値の基準を想起することである。

なぜ神秘は、ユダヤ–キリスト教の貧しい者の神として理解されなければならないか、できるだけ簡潔な分かりやすい説明を試みたところである。いのちの神の代理で、それに対応する存在である僕は、不正と対決しなければならないし、正義が地上に確立されるまで決して妥協してはならない。もちろんそれこそが僕の苦しむ理由なのである。神のイニシアチブはうちひしがれたこの世を愛する、無限に犠牲を払う抱擁である。この愛がもたらすのは、偽りにあったすべてのものへの癒やし、あらゆるレベルでのいのちの真理の促進、それに責任ある自由への人々の召し出しである。歴史上の救いのかたちは、愛において行動するよう新たに力を与えられた人々のかたちで、それは物事の深いところの真理を踏まえている。

もしわれわれもまた、いのちの神に向かう存在であるなら、事物の真理を知り、それに基づいて生きることの両方が義務として課されている。

第二部　人間の完全不可欠な善の価値基準

序文で示唆したように、現代の最も差し迫った問題は、規範的社会倫理の哲学的・神学的根拠を発見し、明確に論述することである。それにより文化と社会的制度は、人間の善を促進する公的政策と各人のコミットメントを通して批判され修正されうる。

この差し迫った問題の認識を妨げているのは、不快感そのもの、今の時代の文化をわれわれがどう考えているかということになる。ここで言いたいのは、文化の意味が余暇にすることになっているという問題ではない。むしろ、文化という用語の述語的意味が社会科学分野でもつようになった含意を問題にしたい。というのも文化の領域が今では経験主義的、科学技術的で無規範状態と理解されるためである。それはあたかも、絶対主義的な西欧的精神の生き方を規範と確信しているので、現実を知るための代わりの方法に向き合うことが避けられなくなってめまいを経験するかのようである。そこでの不適切な反応は徹底した相対主義に向かう傾向がある。あらゆる倫理的選択は、恣意的な個人の好みとされてしまう。結果的に、道徳上の不一致が権力への意志に基づくイデオロギー闘争に堕してしまう。あらゆる道徳性はその利益団体によってレッテルを張られる。革命的党派はただ一つの行動戦略しか分からない。

もし教会の介入を単なる権力闘争のさらなる事例と見なすのでないなら、そしてもっと大事なことに、この世で利害対立する社会のそれぞれに未来があるなら、イデオロギーの正当化を超えて批判的根拠に達する必要がある。われわれは人間の超越性の真の要求について、誰にも理解できる、説得力ある説明をする必要がある。

創造的態度をもって不正と戦うには、破壊されつつある人間の善についての洞察力が必要である。そのような洞察力の存在は、致死的な暴力の存在がある場合に想定されがちである。だが心しておかなければならないのは、今日多くの人々が（種のレベルで触れるまでもなく）構造的暴力の複雑なシステムのゆえに死ぬということである。このシステムはわれわれ自身をも含む多くの人の共謀がなければ存在しなかった。ロナガン(5)によると、多国籍企業は新しいものではなく、経済活動が過去何世紀も目標だったことを、ただグローバルに行っているのだという。多国籍企業は、われわれの経済・社会・文化、すなわちわれわれの精神を長い時間をかけて徐々に形づくった原理の上にまさに築かれている。この結果、われわれの中とこの世に存在する不正（それに対して反対の立場を取らなければならないのに）の源や範囲を正確に識別することが極端に困難なのである。正確に識別できないとしても、われわれの誠実な奮闘は、克服されるべき悪そのものによって弱体化されうる。(6)そこでさらに必要なのは、根本的に人間の善についての批判的説明である。そのものに複雑性があっても、一般に分かりやすい、説得力ある説明が必要である。

価値の概念

次に来る避けられない準備は、価値の意味の解明である。われわれはこれを正確にする必要がある。第一に、私が理解しているのは、原子を構成する粒子同士の関係から人対人の関係に至るまでの、探求・切望・上昇からなる出現の過程という性格をもつ宇宙全体の存在である。

第二に、人間の善の構造は、連動する循環の仕組みで構成する明瞭な秩序を通して、欲望の対象から価値と呼ばれるべきものへと、上昇する理解度のパターンで同様に特徴づけられる。日常会話では欲望の対象は価値として言及される傾向がある。しかしそれは正確でないことがある。われわれは価値に関して慎重に検討するからだ。「本当に価値があるだろうか」という自分に問いかけ、「本当に」の中身を探ることで価値の概念が生じる。善は欲望と関連づけられ、どんな善も一般に価値と見なされる。しかし、またもやこれは無責任な選択の可能性を放置してしまう。価値は、妥当な選択の対象としての秩序の善に限定して関連づけられる。そこで、やむをえずその選択をしたわれわれ自身が焦点に置かれる。われわれは選択をすることで自分自身をつくり、人生の実際の方向づけをする。選び取るべき最終的価値とともに、選択者に由来する価値があるのである。

秩序の善のレベルから価値のレベルへの動きは、知的・合理的意識から合理的自己意識——良心という人間意識の最も高いレベルにあたる——への心の中での動きとつながっている。[7] 人間の善を（i）欲望の対象、（ii）秩序の善という二つのレベルで想像することから、（iii）価値レベルで人間の善について判断するところまでの動きは、道徳的回心の問題と完全に結び付いている。他者やこの世、そして自分自身をつくりあげることに対するそうした行為の結果に関して自身の全行為の責任を受け入れる者だけが、充足から価値へと選択基準を実際に覆すが、それが道徳的回心の兆しである。[8] 単にその動きを欲望の対象から秩序の善への動きとすることは、道徳的レベルにまだ達していないことになる。秩序の善が関わるのは、欲望の対象に影響する循環の仕組みの確認である。しかし人々は道徳的にならずに自分の欲望とニーズを満たす方法としての循環の仕組みを機敏に見つけ出すことができる。[9]

道徳性は手段と目的の関係に関わるものでは決してない。手段と目的の関係は、意図するところをかなえるための合理的関係である。それ自体は道徳の前段階である。そのもとになる基準は効率性または有用性である。明白なのは、人々が他者の存在と世界に対して大損害と破壊をもたらす点ですこぶる効率的になりうることである。手段・目的関係を促進することは道徳性のレベルに何を意味するか。これを価値の源としての自己の地平に取り入れなくてはならない。すなわち、人間としての生の包括的な意味の問題、現実全体としての包括的意味の問題に関連して用いなければならない。これはある善——誰かにとっての、何かの目的のための善——の関係する側面から、普遍的なコンテクストへと進む動きを伴う。どの部分を選ぶかに関わる全体との関係があり、われわれが自己の性質と宇宙の性質について必然的に立場を明確にする価値判断をする上での関係がある。存在の宇宙に対するわれわれの姿勢を行動に表し、限界ある選択をその地平のうちに持ち込もうとすることによってのみ、そうした選択は道徳的なものにできる。

明確にできると私は願うものだが、こうすることで、特定の善あるいは秩序の善を、価値の階層の秩序にある具体的な関係性と最終状態にある、他の善との関係に入らせるのである。価値の階層とは、生にとって不可欠、社会的、文化的、個人的、宗教的という各レベルである。

可能にするものとしての限界

準備の最後に考慮することがある。それは、創造性は限界を容認することから生じるという主張に結び付く。超越と限界の間の緊張をうまく維持することで創造性は生まれる。つまり真の創造性は弁証法的構造を持ち、この構造は人々が人間に不可欠の善を深めようと躍起になるところには、どこでも見つかるのである。

1．いのちの動き

先にドーランの著作と、彼が精神分析理論の見逃しを是正する試みから自分の見解をどう展開させたか述べた。ドーランはある人の中に起きていることは、その周囲の共同体や文化との関係を理解することなしに理解不可能であると考えるようになった。

1．01　人の最も深い欲望は自分の生を意味あるものにすることで、この欲望はいのちの動きの中に見いだすべき方向を発見し、着実にそれをたどる範囲で充足される。われわれの生の手がかりは歴史の挑戦の中にある。それは主体となる(to become subject)([パウロ・]フレイレ[ブラジルの教育思想家、一九二一―一九九七『被抑圧者の教育学』])挑戦で、「着実に機会、または運命の領域を制限し、着実に意識的支配と周到な選択の領域を拡大すること(10)」である。方向が発見できないことは、程度の差はあれ病になること、われわれ自身にもわれわれの宇宙にも適合しない意味の世界に委ねられてしまうことである。

1.02　精神分析のような深層心理学から現代社会批判への移行のかぎとなるのは、人間の精神が決してそれ自体を犠牲とする原因にはならないという認識である。「強迫観念はそれによる病気の発生原因ではない(11)」。精神疾患はわれわれのうちのいのちの動きがゆがむことから発生するが、このゆがみはより広範な歴史的過程にわれわれが関与していることから発生する。不調を起こす強迫観念はたいていわれわれの共同体や文化にあるゆがみに関わらざるをえないことの結果で、常に人間の歴史の犠牲なのである。

―影響ある重要な他者について

―ある者の共同体におけるゆがみから出現する社会状況について

―頓挫した文化的価値について
―自分自身の自由、自己破壊性について

1．1　主体の弁証法

人間主体の統合性とは、身体と感受性ある精神からなる一人の人間の限界の原則と、われわれの霊的広がりの力学、超える能力である超越の原則との間の緊張を持続させるという問題である。限界と超越のこの緊張は、身体という有機体に属するパターンとわれわれの知的意識が無制限の目標へと向かう広がりに属するパターンの間の不均衡に根ざしている。われわれの精神はこの両方のパターンを合わせもち、その間の緊張を経験する。精神的な健康であるには、その緊張にとどまり、統合する者としての自己が問題の出現によって働きかける者としての自己による変容に対して常に開かれていることだ。ドーランが言うように「それは繊細な折衝《せっしょう》だ」（94）。この緊張が限界へと動くと、うつに向かう。超越へと動くなら、身体実在という根っこを失う統合失調症に向かう。われわれの夢想はそういう繊細な精神において、変化を描くことができる。

1.11 ここで言う弁証法とは、いのちの動きの弁証法で、その動きの中での方向の探求という規範的秩序を伴う。達成すべき目標は、主体としての個人の完全性である。

われわれにとって前進があるなら、想像力が必要だと多くの人は強調する。しかし想像力をどのように働かせるかについて理路整然とした説明はされていない。ドーランの提示するのは、内的必要を開示するという探求する自己の普遍的特性としての超越の概念である。その内的必要の理解度は自ら証明している。ドーランの提示は、感情・想像力・知性を超越する連関を同様に理解できる方法をとる。

想像力を自由に解放するのは主体の弁証法の統合性である。統合性は精神の虐待を癒やすことを要求する。内なる犠牲者と外なる犠牲者に対して関心を向けることを求める。

1.2 共同体の弁証法

このレベルでの限界の原則は、間主観的自発行為の原則である。超越の原則は、共通善に奉仕する、われわれのある程度自覚された知性の働きである。この弁証法を保持できないと、徒党・階級・民族の集団偏見が生まれる。達成されるべき目標は社会環境の完全統合性である。

1.3　文化の弁証法

個人的価値レベルで主体の弁証法に類似し、社会的価値レベルで共同体の弁証法に類似するのは、特有な文化の弁証法である。文化の完全統合性はある社会的環境の価値観を決める。ここで必要なことは文化的プロセスの力学がただちに実践的・功利的になるのを防ぐことである。創造性ある統合状態はそれを批判し、生きる方向づけのための意味と価値を生み出すものである。しかし文化的プロセスが無視されるか実践だけのものとされるなら、創造性ある統合状態は機能できない。人々が受け身の消費者の地位に甘んじるしかなくなり、ジャーナリスト、作家、評論家はわれわれを現在の混乱に陥れた諸価値をおうむ返しに表現するだけになる。

2. 価値基準を十分に拡大すること

互いに連動する三通りの弁証法モデルが貴重であるのは疑いないが、このモデルは関係する価値のさまざまなレベルの観点で、中身の開示を要求する。特に異なる価値レベル間の関係は明白にする必要がある。モデルは、内的関係が暗に定義する範囲においてのみ説明できる。以下の図表が示すように、九つのレベルは互いに連関する。

人間の善の構造　九つのレベル

宗教的（2.19）

個人的（2.18）

文化的（2.17）←……上部構造的

上から
調節と
実施可能性

社会的（2．16）

政治的
経済的
科学技術的

生に不可欠の（2．15）

動物学的（2．14）

植物学的（2．13）

化学的（2．12）

物理的（2．11）

下から差別化と創造性

レベル間の真の動きは個人的関係を通してのみ生じる

あるレベルでの真正は次に高いレベルの真正さを要求する

2．1 レベル1から4 生態学的価値

われわれの世界の理解に従って、物理学、化学、植物学、動物学の諸科学は発展してきた。こうしたすばらしい発展についての最も意義深い観察は、われわれが諸科学を自分たちだけの知識としてこなかったということにあるだろう。それはあたかも知識によって支配したいという情熱が、宇宙に対する恐れや宇宙に属することの反映であり、恐れるものから自分たちを遠ざける手段であるかのようだ。われわれが研究したうち最も明らかなメッセージは、われわれが理解し始めた各プロセスに自分が属する範囲である。つまりわれわれは実際自分自身を研究していたのだ。これが制止された。

2．11 われわれの間のいのちの持続性と、物理的化学的レベルでの宇宙全体は——例えば、われわれのうちには星の破片がある、つまり同一の物質リン［燐］である——神が次々に開く宇宙の二百億年の歴史としての、われわれ自身の物語の持つ真の様相を探る大きな閃きを基礎づける。しかし閃きの実現とは、出現する宇宙のあらゆる相互関連するレベルで実現され

るべき、人間の関わる価値の存在があるのを理解することである。出現プロセスでは、いのちを発展させる出現可能性の基礎を置くために膨大な時間が必要だった。出現した後でその基礎を放棄できるというものではない。それは根本的なものであり続け、出現したものを保持する。水、空気、オゾン層を通して届く陽光——すべていのちに欠かせない。汚染されればすべてが死ぬ。そこには新たにされた宗教性のテーマがある。この地上から疎外された宗教性ではなく、ここで見つけられるものだ。同様に神の摂理の真の理解は、宇宙の出現プロセスの繊細さの極致について瞑想することから生じる。結局のところ、神の働きにおいて、また神の働きを通して神自身を知ることになるので、地球を熱心に愛さず、大事にしないような宗教性は深刻な問題の中にある。

2.12　われわれ自身の化学的構成がこの世とつながっていることを尊重すれば、それは食物とわれわれが見なすものにおいて明白に表れる。一九五三年以来、農薬と食品添加物による汚染に対して戦ってきた人たちがいる。

こうした添加物の多くは動物に対して発がん性があるという証拠にもかかわらず、使用は継続され、食品会社による人間への影響の観察もまったく意図されていない。添加物に汚染され、不幸にもがんを発症した人々の技術的「処置」を見つけるために使える予算はある。だが予防措置のためにはないのだ。食べ物や生活のしかたで悪いことを確定するのに技術的「処置」は必要ないというのだ。予防措置は農業関連企業の利益に食い込んでしまう。ダバオの人々が発見しているように、地球が私たちのために作った自然食物のメニューには水銀はない。そのメニューは共存できるものとできないものについて微妙な実験に長い年月をかけて作られてきた。この豊かさから得る食物でなく、多国籍企業が作るいんちきジャンクフードを食べるよう人々は促されている。そうした企業には、地球についての知識はピーナッツの殻に詰めるよりも少ないくらいしかない。

生態学 対 環境保護主義

生態に対する意識は以下の知識と関連する。

—二十世紀は、産業発展、科学技術発展のもたらした致死的危険状況を相続している。

—長年にわたっていのちを保存してきた生物圏が危機にさらされている。

—人間という種が継続して存在することは、われわれの関与するいのちの過激な破壊という状況では当然視できない。

上記の情報は環境悪化の範疇《はんちゅう》でしばしば提示されるので、真の生態学的意義——および深刻さ——は見失われる。地球を開発の資源として、商品に転換する資源として扱うことに慣れてしまった思考法には、生態の破局という現実のチャレンジは把握できない。あらゆることにまた別の技術的チャレンジを見がちなだけである。しかしふれないままにしなければならない現実もある——その意味でだけ資源と見なされうるのである。そうした現実とは、この惑星そのもの、太陽、大気である。これらがいのちを可能なものにするので、それを可能にする状況のままに保存しなければならないのである。

生態の回復のための開発計画変更をまったく拒否する政府と産業界の指導者には生態に対する意識が欠如しており、世界銀行の人々はその典型である。彼らは一貫して組織的経済活動の外に暮らす人々の利害関係を無視している。そうした人々の問題は、まさにその経済活動によって引き起こされているという事実があるにもかかわらず。彼らは以下のようなエドワード・ゴールドスミス［環境問題研究家・哲学者、一九二八―二〇〇九］の批判に値する。(12)

「コナブル［第七代世界銀行総裁、一九二二―二〇〇三］総裁に申し上げます。第三世界の人々が今日貧しいのは、トランジスタラジオやポリバケツ、ペットフード缶が足りないのでも、開発が生みだしたその他のごみの不足からでもありません。彼らの中の一番金持ちでもそうではないのです。また、村に電気も水道管もないからではないのです。貧しいのは、それはまず彼らの環境が荒廃したからです。魚を捕り、飲料水を得る川は農薬など化学薬品で汚染され、伐採業者が森を伐採するので川は急流となり、小川や泉は干上がり、気候を変化させる。輸出中心の大規模農業によって土地が浸食され砂漠化されているからです」。……「(世銀の資金によるプロジェクトは) 銀行、官僚、企業家、技術者、政治家といった一握りの人間たちの短期的な金銭的政治的利益を満足させるだけです。そのような短期的利益は貧窮化させられる人々の長期的利益やニーズとはまったく相いれません」。科学技術的思考にとって、生態上の問題は環境マネジメント改善の問題に減ぜられる。「科学技術の時代は小手先技術についての回答にこだわることで、その時代から発生する問いそのものを妨害してしまうのです[13]」。

生態を意識するにはもっと多くのことが関与する。その意識は、自分を知ることである地球についての科学的知識の真の意味を見抜いている。この意味を把握し、科学のイデオロギーを愛情欠乏・恐怖支配症候群のための「統制」として批判している。地球についての知識を搾取的な生産最大化に適用する代わりに、いのちを大事にする、その価値を味わい育てる実践を提案する。この霊性は (まことにそうであるが) そこに断絶があると分かっている。生態上の問題すべての中心にある支配力の精神構造を認識している。人々の地球への関わり方が、他の人間への関わり方として機能することが分かっている。

環境保護主義が支配権力の精神性を持ち続ければ、生態意識は市場価値、権力の価値と決別する。手に負えないほどの政治権力の集中とその権力が仕える破壊的経済から抜け出すのである。そして人間相互関係すべての再構築の要求を受け入れる。それは支配がわれわれの政治構造、性差別、権威主義的子育て、教育などに入ってくるからである。(14)

物理的・化学的価値のコンテクストで宗教的社会的価値を語ることは奇妙に思えるかもしれない。しかしこれは人間の不可欠な善の問題である――価値の各レベルでの統合が要求される。真の人間の創造性は、可能にするという可能性を受け入れることから生まれる。可能にする可能性とは、まさに宇宙とつながった身体のことである。

2.13 現在進行中の種《しゅ》の大量絶滅について例のないことがある。いまだかつてない速度で種が失われているというだけでなく――最近の地質年代のどの時代と比べても四百倍以上の速度である――その範囲がかつてないほど広い。以前に見られた大量絶滅では植物の多様性はほぼ残存した。現在その多様性は初めて大部分が滅ぼされている。[15] 多数の人が気づかないが、現代の農法は作物の多様性を減じてしまい、わずか八種の作物を頼りに現在の食糧の七五パーセントが供給されている。遺伝子の多様性を失っているので、今の農作物は病気にも気候変動にも脆弱になっている。将来、野生の植物種の活用だけが、作物品種をそのような脅威に対して強化することができる。

それゆえ熱帯雨林の消滅に見られる、生命形態の豊かな貯蔵庫を破壊することには自滅的性質がある。

2.14　最近の研究成果では、われわれが滅ぼしている種の一つについて、他の二十種が滅んでいると言えるということだ。なぜなら、あらゆる生物は複雑に入り組み、相互に関連し合っているためである。だから生命破壊の範囲について膨大な再計算が西暦二〇〇〇年を前に求められる。この生命破壊が地球上の人間のいのちにとって何を意味するのか誰にも分からない。

しかし、この同じ相互関連性が示すのは、「遅かれ早かれ、地球生態系の生命維持機能はかなりの程度損なわれ、人間を包容する地球の容量は急落するだろう。数十年の間か、あるいはたった一年のうちということもあるだろう。そこで人間は滅亡に直面する」(16)。

2.15 生命に関わる価値

生命維持に不可欠な価値は健康と力、恵みと活力の価値である。食物、飲料、シェルター［住まい］とケアに関わるものだ。食物がなければ人は死ぬ。子どもたちが栄養不良なら、次世代の人間としての能力は取り返しのつかないほど低下し、生存できるかどうかの課題に直面する。これまでの価値レベルと同様、このレベルは次に来る上位の価値レベルの不可欠な基礎を構成する。われわれは生命維持のニーズが満たされていない人々がどこにあっても無条件に連帯しなければならない。「化粧品や贅沢《ぜいたく》品を心配するのに、われわれの仲間である地球の住人のいのちを生かすニーズを無視することは、人間のアイデンティティーの破壊だ」(フォーク)。

しかし現在ある生産拡大と市場勢力を通しての成長「計画」は、基本的ニーズを最優先させることとは反対に働いている。そうした計画は、人間の希望のあらゆる長期的展望を最終的に左右する人間共同体の中心部分を打ち砕いている。

2.16　社会的価値

社会的価値はシステムの価値である。生命維持の価値は持続的に、繰り返し満たす必要がある。たった一回では役に立たない。生命維持の価値を繰り返し満たすことを確実にするのは、体系的な秩序の善である。だから、社会的価値はシステムの価値として定義される。システムの価値は全人口の生命に不可欠な価値が持続的・反復的に満足されるようにする。社会的価値は科学技術的秩序の価値、経済的秩序の価値、政治的・法的秩序の価値にさらに分かれる。

2.161　科学技術的システム

科学技術的システムの社会的価値はある人々が生産促進のために使う道

具のシステムと関連する。道具は価値中立的で問題ないように見えるが、そう仮定することは大いなる誤りになる。われわれは技術社会と呼ばれるところに生活している。その名はわれわれの世界だけでなく、われわれの想像力も科学技術で形づくられるほどであることを示している。

われわれは現在、テクノロジーに深く囚われている。それはわれわれの科学技術的「処置」に対する信頼で分かるし、人間の尺度や妥当性を評価できなくなっていることに明らかである。マンフォード〔ルイス・マンフォード、米評論家、一八九五―一九九〇〕とエリュール〔ジャック・エリュール、フランスの思想家、一九一二―一九九四〕によれば、これがわれわれの本当の牢獄である。その明らかなメッセージは、無限の拡大と持続する成長という夢の上に成り立つ技術は資源の有限な惑星には不似合いだということだ。現在の問題解決に適するとして提案される技術を、無批判に受け入れるわけにはいかない。

適切な技術という考えには政府の多くの者が好ましくないという反応

を見せるが、それはいかに、われわれが適切でない技術を信頼することで、ずっと生活してきたかを示している。ボパール〔インド化学工場事故、一九八四年〕、チェルノブイリ〔原発事故、一九八六年〕、チャレンジャー〔米スペースシャトル事故、一九八六年〕は、単純な科学技術信仰による現状への満足を揺るがす出来事の名称である。しかし住民主権に関わる人々は、地域共同体の管理が及ばない技術を次世代のいのちに委ねることは決してできないと見通している。われわれは科学技術による「措置」への依存を克服しなければならない。

政治的意味合いを超えて、そこには文化と宗教に対する深刻な課題がある。テクノ社会の霊性は、善い創造の象徴をゆがめる二つのシンボルを中心とする。

―進歩のシンボルは、創造の成就という聖書の願いを、世界支配による人間の無限の進歩に変容させた。

―人間の意志を強制する権力のシンボルは、神（その生産のやり方は無限に大切にする方法である）の似姿としての人間という聖書のシンボルを、君主統治者の姿である人間に変容させた。

まさに核の大惨事によって現代世界が科学技術を避けるようになるのは明らかだ。そこで現在の西洋化された世界が生き残るにはたった一つの選択肢しか残らない──それはこの世界の創造の力が、いかにして支配と搾取の方法であるより自然と知識の調和の方法となるかを理解しつつ、その力を受け入れることである。われわれの現代科学で機能する驚くべき創造性はあるが、軍産複合体制に過剰に利用されることでたいへん分かりにくくなっている。このような現代の無制限な物質的成長計画に従うことが可能になるのは、その計画が地球と人間の精神に対して行うことを構造的に忘却し、心理的に抑圧してしまう場合だけである。真の科学技術的価値は、地球とその人々のいのちの価値にどれだけふさわしいかということによって定義される。

2.162　経済的価値

経済的価値は全人口の生命維持ニーズを適切な反復方法で満たしうるシステムにおいて実現される。そのような規範的な定義を考案することは、現在の世界で経済的価値が実現されていないのを指摘することである。

2.163　政治的価値

自己統御する市場への資本主義的な信頼を強く訴えるにもかかわらず、経済システムはその性質のため、変動する状況に自ら適応することができない。政治システムの価値が見つかるのは、変動状況の必要を充足するために経済システムが必要とする調整を確実にする体制である。政治システムによる経済のこうした統制は、経済システムが変化する状況においても全人口の生命維持ニーズを満足し続けることを保証する。

2.17　文化的価値

現代の創造的な社会運動のすべては一点で一致する。それは国と市民社会の関係の性格を変える必要である。人々の自分の運命に対する支配の回復は、文化的価値を実現することである。合意に基づく政府がなければ内的暴力を助長する傾向と、介入政策への口実が用意されてしまう。「さらに平和な世界を築くための闘争の核心には、統治の全問題がある」[18]。

フェミニストの側面

ありきたりな言い方だが、機械的な文化モデルはあらゆる工業化社会を支配するようになった。しかしギブソン・ウィンター〔米社会運動家・聖公会司祭、一九一六―二〇〇二〕はここでも複雑性を指摘する。つまり科学技術社会は、政治経済組織の機械的形態のイメージをもって機能するのに、家族・宗教・対人的共同体での男性支配という有機体論ヒエラルキーを保存しているという。それゆえ性差別的抑圧は、伝統的民族を脅かす――ついには世界中のわれわれすべてを脅かす――工業社会の構造に不可欠となる[19]。

抑圧的統治の経験はあらゆるレベルでの関係の文化的パターンに根ざしている。かぎとなるフェミニスト的認識は政治と日常的にどう関わるかということと関連する。「ポーランドの自主管理労組「連帯」を代表して、アダム・ミフニク［ポーランドのジャーナリスト、一九四七－　］は雄弁に説明している。市民が［政府に対して］誠実・公開性・信頼に固執することが、最も恣意的で権威主義的な政府の支配を弱め、制限するという。特にそうした姿勢が戦闘で叩かれる場合、つまり徹底抗戦だが、その場合、少なくとも潜在的な可能性として死または投獄の危険をも冒す誠実な行為への献身を表しているのだ[20]」。

住民統治に非常に関連する女性の活動から出現する構造は以下のようになる。

—開放性とあらゆる関係についての信頼
—承諾
—法の尊重
—公平さ

さらに加わる資質としては、穏やかな怒り、個人崇拝に対抗するリーダーシップの共有、個人的関係と公的議題の間の不鮮明な境界、伝統的権威役割についての公平無私、ヒエラルキーの忌避、闘争の主な道具として歌、踊り、祈りに頼ること、である。

女性の運動について詳細に述べたのは、まさに文化的価値に関わることの定義を記述するためである。文化的価値は、人間が自分の生きる意味と価値、自分の世界を形づくる意味と価値を決めるプロセスにおいて実現される。このように表現されると、上記で文化の弁証法として言及されたことが人間の自由の原動力の中心であることが分かりやすくなる。人が自分の世界を名づける権利を放棄するなら、この世界をどのように形づくるか自分に代わって他人に定義してもらうのなら、自分が自身の運命の主人であることをやめてしまうことになる。[21]

共同体の力は、文化的価値の母体である。上記に詳細を述べた女性組織の性質をいちべつすれば、その諸組織で機能するのが共同体の力であると示すのに十分であり、その力は、共同体参加者を自由と、開かれた誠実さにおける責任へと奨励する。まさに同じ力学が、キリスト教基礎共同体（Basic Christian Communities）を社会と教会の両方で解放された領域としている。

政治はその基礎構造に属する

文化的価値を政治的価値の上に置くという主張をするのは、健全な社会にいる人々は自分の究極的な支配の権利を国家に明け渡すことは決してないということである。それは政治制度が社会の基礎構造に属すると主張することである。これまで説明した価値の秩序を見れば、われわれの世界の大きな混乱がさらに明らかになる。本当の順位が逆転しているのは次の点である。（i）政治システムはわれわれの社会の経済システムを支配していない。（ii）政治システムは経済的利益によって支配されるので、文化の原動力を社会の意思決定の重要な地位から立ち退かせている。このような二重の逆転のもとに、政治は文化的価値を技術・経済システムへ橋渡しする装置となる代わりに、高圧的プロパガンダとなって一般大衆に今のシステムがもたらすものこそ必要だと信じ込ませようとしている。

2．18　個人的価値

文化的価値を実現する条件は、社会参加する個人の創造力が本物と信頼できることだ。技術的に形成された想像力は常にこの基本的な真理を避けてしまう。（支配的な国の道具を受け継いだ）高圧的権力こそ人間の苦しみを癒やすことができると信じる人も同様である。人々の感じること、知ること、行うことに真正さがあるなら、文化的価値は成長する。これが前述のアダム・ミフニクの引用の趣旨である。

2.19 宗教的価値

生きること全般における信頼性の保持は、無条件に肯定するという経験なしには不可能で、宇宙の中心にある神秘がわれわれの味方であると分かっていなければ不可能である。この論文は当初、はっきりとキリスト教信仰を持つ人々に向けられていたため、第一部のテーマは、ユダヤ―キリスト教信仰の核心、つまりその神秘が歴史上どのように現存するかという理解の解明であった。この宗教的知識こそが、巨大な困難に対して弱々しくも立ち向かう力を与え、憤り・嫌悪・暴力のただ中にあっても創造性と癒やしのため全力を傾けさせ、個人的失敗にもかかわらず誠実であり続け、生きた希望を持ち続けさせるのである。

結論

この本はいわゆる青写真ではない。他の多くの人々と同様、世界の問題の解決策であると知識人が主張するでっちあげの壮大な計画などを、私は信じない。

ここに示した事柄は穏当なものと言える。人間の善を説明するための基盤を概説しようとしたのである。このモデルに対する支持は、現代の人間生存という挑戦への回答、創造性ある回答の中に見つかると感じている。このモデルの実現こそ大事なのだ。私の願いは、その実現のために専心しようという人々に、なんらかの助けを用意できればということである。

このモデルの価値は、完全不可欠という性質にある。宗教的レベルでのわれわれの時代の癒やしは、決して生じるべきでなかった二分法の克服が主である。最近の状況を表すのは、「地球の霊性（earthuality）」ではないスピリチュアリティ、「人間以外の」他の被造物を含まない神の国を願うこと、信仰の神秘政治的構成の感覚を喪失していることである。このモデルはあらゆる価値レベルの相互の関連性を分からせる。各々のレベルがどのように他の価値レベルすべての実現に関わるかが分かる。

このモデルは、子どもたちの広範な栄養不良が宗教的信仰にとってチャレンジであり、文化的価値に実現された個人の真正さが政治を人間らしいものにするためにどのように必須か、われわれが理解できるよう招き、励ましている。そして、「創造の完全統合性」という言葉がどのように適切な分析展開を受け入れるか、そして、(宗教的価値である)信仰と(社会的価値である)正義がどのように互いの仲立ちをするか理解できるようにさせるのである。(22)

注

(1) マシュー・L・ラム、「共同体と帝国の政治的弁証法の中のキリスト教」『メソッド』一九八三年春号、1ページ。

(2) パブロ・リカルド、「序文」『偶像に対するわれわれの闘争』(C.S.R.C.オザミス・シティ、一九八四) 2-5ページ。

(3) チリ軍内部に近年見られる、急進的で人為的な原理主義者的形式の宗教についての興味深い文献は以下参照。ケネス・アマン、「神のために戦う――チリの軍隊と宗教」『クロス・

カレンツ』一九八六－一九八七年冬号、459－466ページ。「ピノチェト将軍でさえ、堅固なカトリックであるという自身の主張にもかかわらず、もう一つの『霊的シェルター』を見つけた可能性を示唆するのかもしれない」。

（4）『秩序と歴史』第一巻「イスラエルと啓示」（バトンルージュ、ルイジアナ州立大学出版局、一九五六、501ページ。

（5）バーナード・ロナガン、『サード・コレクション』一九八五、102－103ページ参照。

（6）問題はかなりの期間、見られた。他の考え方にはいわゆるフランクフルト学派の批判理論がある。そのおおまかな特徴は、文化分析のさまざまな形態に由来する批判的範疇、特に心理分析によるものを、その分析に含むことで世界を変えようとするマルクスの批判的意図を継承する試みと言える。この理論には、西側諸国の労働者大部分が実際の利益追求において断固として非革命の姿勢であることを省察してたどりついている。この学派の思想家たちの関心は、文化的であるもの、言いかえれば、人間の生産物がどのように「自然である」と見られるようになるかに焦点を絞る。そこにはまさに科学の理解、自然の「支配」なども含まれる。その目的は社会的なものが絶対化されないよう解明することである。

フーコーの複雑な調査には統一要因がある。それは権力のかつてないほどの繊細で広範囲なパターンと表明の分析である。この著作を読んだが、権力と支配の形式がわれわれの日常意識のすべてに浸透していること、当然と考えている人々が関与するつながりのすべてのパターンで働いていることを強調している。この観点では、抑圧の異なる形はないし、ありえない。経済的破壊、性差別、人種差別、政治的経済的抑圧、大量消費主義はすべて、われわれをより効果的に支配する権力の互いに連動する様相である。それほど効果的なのでわれわれは抑圧を一つの構造の中にだけ限定、特定しようとしてしまう。「自然」であるとか支配権力の「手の届かない」といったように思っているすべての文化的価値に関して言えば、自分自身の意識がどれほど疑わしいものになっているか、われわれは気をつけなければならない。以下参照。ミシェル・フーコー、『狂気と文明』（ロンドン、Tavistock Publications, 一九七一）、『監獄の誕生』（ハーモンズワース、Peregrine Books, 一九七九）、『権力、真理、ストラテジー』（シドニー、Feral Publications, 一九七九）、『権力・知識——インタビューと著作、一九七二―一九七七』（ニューヨーク、Pantehon Books, 一九八〇）。

最後に同じ問題に関することとして次の点を述べる。（i）上記の序文に言及した、過去二十年のカトリック教会の社会的教説における発展のかたちと、（ii）一般大衆の宗教性に関しての解放の神学における強調点の変化である。曖昧さにもかかわらず、それは解放プロセスに決定的と見なされるようになっているし、創造的な文化的重要性が信仰をどのように広める際にも存在することを示唆的に認める。以下参照。拙著「宗教と大衆の宗教性」『Asia Journal of Theology』Vol.1,No.2, 一九八七年十月、477―485ページ所収。

（7）B・ロナガン、『セカンド・コレクション』（フィラデルフィア、ウェストミンスタープレス、一九七四）165―187ページ参照。

（8）B・ロナガン、『神学の方法』（ニューヨーク、シーベリープレス、一九七九）240ページ参照。

（9）フレッド・ローレンス、「ベーシックコミュニケーションの要素」ロナガン・ワークショップ第六巻、一九八六、127-140ページ。ローレンスが強調するのは、道徳的回心で問題になるのが真の人間性の出現ということである。人の出現というのは他人に向かう真の慈愛のうちに自己超越する能力が実現されることにかかっていると見られる。「個人的利己心、階級的・国家的利己心に基づくような、理性以前あるいは理性以下の基準という制限のある、選択に値する目的の範囲を持つ人は誰でも、自分の住処に留まる一匹の動物のようなものである。たとえ当人による特定の善の実現計画がどれほど巧みに考案されているとしても」。

（10）B・ロナガン、『閃き』（ロンドン、ロングマン、一九五七）228ページ。

（11）R・ドーラン、「精神的回心から弁証法へ」99ページ。

（12）「世界銀行総裁コナブル氏への公開書簡」『エコロジスト』Vol.17, No.2, 一九八七、58-61ページ。

（13）G・ウィンター、『創造を解放する――宗教的社会倫理の基礎』（ニューヨーク、クロスロード、一九八一）6ページ。

（14）私は『死の前の生（Life Before Death）』の最終章「歴史の発生の鼓動（Genetic Throbbing of History）」77-97ページで、これについて展開を試みた。また、マックドナー／ブッシュ、『蜃気楼としてのわれわれの未来』（Q. C. Claretian Publications, 一九八六）1-11ページも参照。

（15）『エコロジスト』Vol.17, No.4-5, 一九八七、129-133ページ参照。

（16）『エコロジスト』Vol.17, No.4-5, 130ページに引用されたポール・エーリック、アン・エーリックの言葉。

（17）ギブソン・ウィンター、『創造を解放する』116–117ページ参照。

（18）リチャード・フォーク、『平和と正義への開け』31ページ。

（19）『創造を解放する』25ページ。

（20）R・フォーク、『平和と正義への開け』24ページ。

（21）『死の前の生（Life Before Death）』5–15、87、90–91ページ参照。

（22）モデルの持続的な具体的実施法の説明については次を参照。ジョン・ボイド・ターナー「フィリピン北サマル州の開発の例」フレッド・ローレンス編『危険な記憶を伝達する――政治神学での探測』所収（アトランタ、スカラーズ・プレス、一九八七）109–241ページ。

主要著作

Life Before Death (1986)
Claretian Publications

On Earth as in Heaven (1988)
Claretian Publications

A Dragon not for the Killing (1998)
Claretian Publications

For the Joy Set Before Us: Methodology of Adequate Theological Reflection on Mission (2008)
Peter Lang

自費出版

It's Not Over Yet … Christological Reflections on Holy Week (1990)
［訳　森一弘『まだ終わっていない――聖週間についてのキリスト論的考察』］

著　者　ブレンダン・ラヴェット
1942 年　アイルランド生まれ
1966 年　カトリック司祭叙階
ブレンダン・ラヴェットは聖コロンバン会司祭。1967 年以降フィリピンで司牧。ほかにドイツ・ミュンスターで博士課程研究（1972－75 年）とオーストラリア・シドニーで 4 年間教職に従事。主な専攻分野は神学教育。

翻訳者　関　尚子
英日、日英翻訳者
（旧）日経国際ニュースセンターを経て現在フリー

ブレンダン・ラヴェット著作集《ちょさくしゅう》

著　者──ブレンダン・ラヴェット
訳　者──関　尚子

発売所──サン パウロ

〒160-0004　東京都新宿区四谷 1-13　カタオカビル 3 階
宣教推進部（版元）(03) 3359-0451
宣教企画編集部　(03) 3357-6498

印刷所──三省堂印刷㈱

2017 年 11 月 1 日　初版発行

ISBN978-4-8056-7625-7　C0316
落丁・乱丁はおとりかえいたします。